FRANÇOIS BAROIN

www.editions-jclattes.fr

Anne Fulda

FRANÇOIS BAROIN

Le faux discret

JC Lattès

Maquette de couverture : Atelier Didier Thimonier
Photographie © Nicolas Reitzaum / SIPA

ISBN : 978-2-7096-3033-7

Première édition janvier 2012.

À Juliette et Thomas.

Introduction

AVEC CETTE VOIX-LÀ

> *« Le sombre monarque débarque et étale Son pouvoir, la puissance de l'ombre s'installe Non, ne résiste pas, ne lutte pas Ne te détourne pas de la main tendue vers toi. »*

« C'est l'un de ceux avec qui il faudra compter en 2017. » « C'est une fausse valeur. Que de la com. Du vent. » « C'est un mec bien, loyal. » « C'est un vrai professionnel de la politique chez qui tout est calculé. » « Il n'a pas la queue d'une idée. » « Il n'a pas les épaules pour le ministère des Finances. » « C'est un héritier qui a tout reçu, tout cuit. » « Il a acquis son indépendance grâce à Sarkozy. » « C'est un bon pédagogue. » « Un dur à tête d'ange. » « Un mafioso derrière le minet », « le dandy de Bercy », « Harry Potter ». Baroin ?

« Le mec de Laroque. » « L'ex de Marie Drucker. » « Le fils de son père. » « Le protégé de Chirac »...

Étrange impression. Sur François Baroin, on entend tout et son contraire. Le pire et le meilleur. Le meilleur et le pire. Et souvent, aussi, on rencontre une moue interrogative. Une incapacité de dire, y compris chez certaines personnes qui le connaissent bien, ou en tout cas depuis longtemps, qui est vraiment le ministre de l'Économie et des Finances. Ils ne savent pas de quoi est fait ce quadra qui perce. Cette nouvelle figure de la scène politique. Qui faisait vieux quand il était jeune et commence à faire jeune maintenant qu'il avance en âge.

François Baroin n'est pas un nouveau venu en politique. Il balade sa silhouette dégingandée d'éternel adolescent sur la scène politique depuis près de vingt ans. Mais, c'est vrai, on ne le connaît guère. A-t-il la carrure ce jeunot à l'air si frêle, calme comme un lac suisse ? Est-il l'homme de la situation, ce ministre que Canteloup croque en étudiant en BTS d'économie, alors que selon les termes du président de la République « un tsunami menace notre économie » ? Et d'où lui vient cette apparente inébranlable confiance en lui, cet aplomb, qui, parfois, désarçonne ?

Drôle de personnage. Côté face, François Baroin offre une façade lisse, désespérément lisse, sans aspérités. Il affiche un contrôle de soi constant.

Bétonné. Une devanture aussi calme que son visage qui ne change presque pas au fil des ans. S'épaississant juste un peu, avec quelques cernes plus creusés, lors de ses phases de travail intense. Mais sans fractures apparentes, ni rides, ni aspérités. Côté pile, le ministre tente tant bien que mal de masquer ses cicatrices. Ou plutôt de ne pas les rouvrir. Il ne le cache pas : « Je suis un fêlé », reconnaît-il manière d'avouer qu'il est plein de fêlures. Que c'est un balafré de l'intérieur dont le caractère s'est forgé à l'aune des cataclysmes personnels qui l'ont affecté. D'où ce contraste entre ce vrai sourire et ce regard triste. Comme les deux faces d'une personnalité qui pourrait se laisser entraîner par le spleen, basculer dans « l'Empire du Côté Obscur », cette chanson de IAM dont il connaît les paroles par cœur. Ou se laisser aller à goûter à la vraie vie.

François Baroin est aujourd'hui à une époque charnière. Il commence à récolter le fruit d'années d'engagement politique et de fidélité à un homme. On le connaît. On le reconnaît. On se pousse du coude en le voyant – « Tu as vu il y a… mais si tu sais. » – sans toujours mettre un nom sur lui. On le dévisage, on commence à l'imaginer dans certains scénarios politiques à venir. Il est à ce moment précis où tout peut basculer.

Soit, il demeure l'un de ces nombreux quadras qui gravitent autour du pouvoir. Efficaces. Pratiquement tous formatés sur le même modèle. Gérant tant bien que mal leur vie d'élu local et leur destin national. Leur vie privée et leur vie publique. Tiraillés entre la vraie vie et cette vie-là. Dure, violente certes – mais après tout pas plus que la vraie vie –, exigeante mais aussi excitante. Avec sa dose d'adrénaline, de flatteries de l'ego. De séduction, aussi.

Soit, dans les mois ou les années qui viennent, cet « espoir de la droite », qui sous ses airs doux sait cogner quand il le faut, franchit la barrière invisible qui sépare les braves soldats des généraux en chef, les suiveurs des leaders.

En juin 2011, en voyant que le ministère de l'Économie qui lui avait été promis par Nicolas Sarkozy semblait lui échapper et revenir à un autre, un intrus, un blanc-bec, tout frais entré en politique et se croyant déjà arrivé, la façade lisse du gentil et si bien élevé François Baroin s'est fissurée. Et il s'est battu comme un beau diable pour remporter ce ministère qui, estimait-il, lui revenait. Péché d'orgueil ? L'avenir le dira. Mais on peut considérer que cet affrontement entre quadras ambitieux correspond probablement à l'acte de naissance politique officiel de François Baroin. Une émancipation à l'arraché. L'aboutissement d'années passées dans des seconds rôles confortables. Un moment de cristallisation que beaucoup attendent dans une carrière. Qui peut être un aboutissement ou au contraire un accélérateur. Le crash ou l'envol.

1.

LE VIEIL ENFANT

« On était une famille. On était quatre et puis, pratiquement du jour au lendemain, on s'est retrouvés à deux. » Cela fait quelques minutes que l'on a commencé nos séances d'entretiens, comme on dirait de séances chez le psy, et François Baroin a déjà résumé en quelques mots comment sa vie a basculé, il y a des années de cela. On est en janvier 2011 [1]. François Baroin est ministre du Budget depuis mars 2010 et porte-parole du gouvernement depuis novembre. On est installés dans le salon de son appartement privé de Bercy. Impersonnel comme tout appartement de fonction. Grandes baies vitrées qui donnent sur la Seine. Canapés en cuir. Table basse moderne sur laquelle est posé un livre sur les services secrets. Il

1. 5 janvier 2011.

a pensé que « Bercy c'était mieux pour que l'on soit tranquille ». Oui, c'est sûr, c'est tranquille, Bercy. Pas de doute. Même si, dans les étages, des conseillers sont encore là et resteront jusque tard dans la nuit pour gratter des notes au kilomètre pour leur ministre. En tout cas, on ne risque pas d'être importuné par des regards inquisiteurs. Visiblement, c'est important pour François Baroin, qui, lorsqu'il arrive désormais dans un lieu public, semble un peu voûter les épaules pour que l'on ne le repère pas. D'autres, au contraire, auraient tendance à se dresser sur leurs ergots, à bomber le torse et lisser leur plumage pour tester leur popularité. Pas lui. Non pas qu'il soit insensible à la reconnaissance et aux compliments, non… Il préfère que l'on ne le remarque pas. Enfin, pas trop. Cela le gêne un peu. Ce n'est pourtant pas dans l'air du temps, ce souci de discrétion, même si, après les excès du début du quinquennat, on sent bien que la tyrannie de l'impudeur vit ses derniers jours.

Voilà. Il déploie ses grandes jambes. Enlève sa cravate. Il est prêt à parler. Enfin, c'est ce qu'il dit. Et cela n'a rien d'extraordinaire. François Baroin est un homme public qui parle beaucoup. Avec aisance. D'une voix de basse. Qui envoûte, endort ou agace. C'est selon. Une « voix de slip » comme l'a drôlement définie Anne Boulay, la rédactrice en chef du mensuel *GQ*. Manière de dire une voix qui plaît aux femmes, une voix de crooner. Mais en même temps extraordinairement monocorde. Comme si elle absorbait les émotions. Il parle beaucoup François Baroin mais, parfois, il ne dit pas grand-chose. Il use et abuse souvent d'une langue de bois qu'il sert à ses interlocuteurs en larges copeaux. Il s'abrite derrière des formules amidonnées et toutes gonflées d'importance – le sens de l'État, le devoir, l'esprit républicain – derrière de vieux dictons un peu désuets ou des jeux de mots. « Il dit des banalités, avec un air pénétré », lâche un ancien conseiller de Jacques Chirac, vachard. Il exagère. Parfois, aussi, mais toujours sur ce même ton monocorde, égal, il dit des choses signifiantes. Peut balancer, l'air de rien, des propos assez irrévérencieux. Comme il le fit du temps où, chiraquien gentiment rebelle, pas encore entré au gouvernement, il marquait régulièrement sa différence avec Nicolas Sarkozy. Mais il faut s'y faire. Ce n'est pas l'intonation qui donne le *la* chez François Baroin. Il pourrait prendre le même ton pour annoncer la fin du monde ou l'indice du CAC 40. C'est ainsi. François Baroin est comme bloqué. Cadenassé. À double tour. Clic-clac. Pudique à l'extrême. Prudent à l'extrême. Ou les deux à la fois. Il se contente d'ordinaire du service minimum pour la touche « perso », bridant ses élans et toute spontanéité. Pourtant, là, ce soir de janvier, il l'assure. Il est prêt à en donner un peu plus. Se veut coopératif, prêt à jouer le jeu, assure-t-il. On en vient donc naturellement, tout de suite, très vite, à ce qui a fait basculer sa vie. D'habitude, on commence un portrait par l'enfance. Mais, avec François Baroin, il faut revenir à la fin de l'enfance. Et de l'insouciance. Fin violente. Brutale. Sans appel. Par ces deux événements majeurs qui ont tout changé. La mort successive, à quelques mois d'intervalle, de sa sœur, Véronique, le 26 avril 1986, puis de son père, dans la nuit du 4 au 5 février 1987.

Il plonge un peu la tête vers ses chaussures. Et se lance. François Baroin se souvient. Il admet qu'il n'évoque que très rarement ces épisodes douloureux de sa vie. Ou d'une phrase. Quand il y est obligé. Ce n'est pas un tabou. Mais il ne veut pas non plus tomber dans le pathos. N'a « pas envie d'encombrer les gens » avec son histoire que « pratiquement tout le monde connaît, c'est arrivé à mille familles. C'est juste un élément d'analyse parmi d'autres ». Non, il n'aime pas s'exposer en surexposant cette part intime. En s'attardant trop sur « les événements ». Il parle des « événements » comme certains désignent ceux de 68. Après tout, le terme *a priori* neutre n'est pas si incongru, inadéquat. Pas de doute : ce sont ses événements à lui. Sa révolution personnelle. Une révolution du sort. Subie puis surmontée. Une révolution sans laquelle il ne serait pas ce qu'il est aujourd'hui. Un cataclysme dévastateur. Et fondateur. « Je suis passé de l'innocence à la responsabilité. Et à partir de là, c'est devenu une habitude. J'ai eu rendez-vous avec la mélancolie. Tous les jours. Il faut s'y habituer. » Avec des périodes plus dures que d'autres à traverser. Les dates anniversaires bien sûr. Anniversaire de naissance. Anniversaire de mort. De l'un, de l'autre. Fêtes de fin d'année. « Avec le temps, on apprend à dompter ces moments. »

François Baroin raconte. Comme s'il plongeait dans une piscine d'eau froide. « C'était un mercredi. » Le 5 février 1987. François Baroin a vingt et un ans. L'âge de l'ancienne majorité. L'étudiant qu'il est encore habite toujours chez ses parents. Enfin dans un studio, au-dessus de l'appartement familial, rue de Prony, dans le XVIIe arrondissement. Il y a, vestiges d'enfance, des posters Snoopy sur les murs. Et le jeune François que l'on aperçoit en caleçon et T-shirt San Francisco, cueilli à son réveil par son père qui a décidé d'ouvrir l'appartement familial à une équipe de télévision de France 3 Régions Reims [1] qui le suit, quelques mois avant sa disparition, n'a pas l'air d'avoir encore une conscience politique aiguë. Interrogé sur les manifestations de jeunes lycéens et d'étudiants qui se déroulent un peu partout en France pour protester contre la loi Devaquet, l'étudiant ne se sent pas vraiment concerné, comme il le dit, avec sa gueule

1. Reportage 18 décembre 1986.

ensommeillée de petit ange des beaux quartiers, de jeune étudiant qui n'a jamais manqué de rien.

1987. Cette année-là, il y a de la colère dans l'air. Bernard Lavilliers chante « Il y a du sang sur le trottoir Ils l'ont battu à mort », allusion à la mort de Malik Oussekine. Maurice Pialat, qui reçoit la Palme d'Or à Cannes pour son film *Sous le Soleil de Satan*, brandit un poing vengeur en saisissant son trophée et s'adresse à la famille du cinéma « si vous ne m'aimez pas sachez que je ne vous aime pas non plus ». Le Muppet Show vit encore ses beaux jours. M6 est lancée, Mitterrand est président de la République, le Futuroscope vient d'être inauguré et l'Airbus A320 a effectué son premier vol au-dessus de Toulouse. L'année précédente, Paris a été frappé au cœur par une vague d'attentats. L'un d'eux a touché la FNAC du Forum des Halles, le 5 février 1986. Et fait neuf blessés dont six grièvement atteints. Par hasard, Michel Baroin, le père de François, alors président de la GMF et de la FNAC, participait à un débat dans l'auditorium voisin. Après s'être immédiatement rendu sur les lieux, lui, l'ancien flic qui en avait vu d'autres, était revenu bouleversé à la maison.

Ce mercredi, donc, celui qui est encore étudiant s'en souviendra toute sa vie. François Baroin rentre chez lui. Après avoir passé la journée à la chasse, près de Blois. Et il revient tout content. Gonflé d'orgueil. « Je venais de tuer mon premier sanglier et j'étais super fier. » Il dit super fier comme s'il retrouvait le vocabulaire, la manière de parler de « l'ado » qu'il était à l'époque. Logiquement, le jeune chasseur n'a qu'une hâte : annoncer cette grande nouvelle à son père qui l'a emmené avec lui à la chasse depuis l'âge de cinq ans. Il veut lui raconter en détail sa prise. Ce n'est pas rien, en effet, le premier sanglier tué. C'est une étape importante dans la vie d'un chasseur. Une étape qui deviendra – mais cela, il ne le sait pas encore – comme un présage, et finalement, un rite de passage à l'âge adulte. Quand le jeune François, tout guilleret, descend voir la secrétaire de son père, elle lui dit tout de suite que Michel Baroin n'est pas rentré. Il comprend que « ce n'est pas très normal » et se rend alors dans le bureau du directeur général de la GMF, Michel Gueremy, qui est également l'un des meilleurs amis de son père. Il y a du monde dans la pièce. « L'avion n'est pas encore arrivé », lui confirme-t-il seulement. La phrase résonne étrangement chez le jeune homme. François Baroin imagine le pire. Comme si, après la mort accidentelle de sa sœur, neuf mois plus tôt, une espèce de fatalité s'était abattue sur lui. Ne le lâchait plus. « J'ai tout de suite senti, au fond de moi-même, que je ne le reverrais plus », dit-il simplement. Sa mère n'en sait pas plus. On l'a prévenue depuis quelques heures déjà pour l'avertir qu'il y avait un problème. L'avion privé, le Lear jet 55 dans lequel voyageaient le président de la GMF ainsi que huit autres passagers, devait atterrir à Paris, le 5 février à 9 heures du matin. Mais on a perdu sa trace. Au fil de la journée, plusieurs hypothèses circulent. Selon certaines rumeurs, il se serait posé en Libye. Selon d'autres, ses occupants auraient été pris en otages. Dans la soirée, François Baroin ne se souvient plus à quelle heure exactement, on sonne à la porte. C'est Jacques Chirac. Il est alors Premier ministre. Il porte encore ses grandes lunettes carrées en écaille qui lui mangent le visage. Michèle Baroin, la mère de François Baroin, a des souvenirs plus précis. Le Premier ministre, ami de Michel Baroin, est arrivé peu avant 20 heures. Il s'est assis sur le canapé, au côté de la femme de son ami, pour regarder les informations à la télévision. Dans le souvenir de François Baroin, c'est Jacques Chirac qui a annoncé la macabre nouvelle. L'accident. L'avion qui s'est écrasé. La localisation de l'épave et la très forte probabilité qu'il n'y ait aucun survivant. D'après sa mère, François Baroin l'a appris en regardant, à ses côtés et à côté des Chirac, le journal télévisé qui a commencé par l'annonce de la disparition du président de la GMF. Qu'importe. La mère et le fils sont comme foudroyés. En état de sidération. Ils pensent tout de suite à la mère de Michel Baroin. Craignent qu'elle n'apprenne la nouvelle en regardant la télévision. Pour Alain Baroin, le frère du patron de la

GMF, c'est trop tard : il a entendu l'annonce de la disparition de l'avion de son frère adoré alors qu'il était en voiture. En branchant sa radio. À 19 heures, après le célèbre carillon d'Europe 1 qui rythme les heures, un flash l'en a informé. Et c'est lui, qui, à la demande de François, va s'acquitter de la lourde tâche de prévenir « mamie », la mère de Michel et Alain Baroin et la grand-mère de François. « Déjà le matin du 26 avril 1986, au moment où le monde apprend l'explosion de Tchernobyl, raconte-t-il dans le livre qu'il a consacré à son frère [1], je lui apprends le décès de Véronique, sa petite-fille et voilà que le film recommence, que le film d'horreur nous poursuit tel un cauchemar sans fin dont on ne se réveille pas. »

Pour l'heure, François Baroin et sa mère envisagent de prendre un avion pour aller chercher le corps de Michel Baroin. « Pour ne pas le laisser seul », pensent-ils, un peu naïvement. Jacques Chirac et Michel Roussin, son chef de cabinet à Matignon, les en dissuadent. Arrivent à les convaincre de rester à Paris, dans ce même appartement où neuf mois plus tôt la dépouille de Véronique, la sœur aînée de François Baroin, avait été déposée après qu'elle eut été renversée par une voiture, quai de New York, à Paris. Elle avait vingt-deux ans, ressemblait beaucoup à son père

1. *Michel Baroin, mon frère*, L'Harmatan, 2008.

dont elle avait le sourire communicatif et l'emportement facile, et avait commencé à travailler après des études de droit. À l'époque, après son décès, ses parents et François Baroin l'avaient veillée pendant trois jours.

Décidément, le sort semble s'acharner. La tragédie se répéter. Sinistre coïncidence, l'accident survient le jour de la Sainte-Véronique. Et cette fois, en plus, outre la douleur immense, il faut affronter la divulgation de cette nouvelle. Le malheur de François Baroin et de sa mère est en effet presque immédiatement livré sur la place publique. Ils en sont dépossédés en un rien de temps. Les radios, les télés, la presse s'en emparent. Sans attendre. Sans précaution. Car Michel Baroin était un homme public. Un patron charismatique. Président de la GMF et de la FNAC, actionnaire de 8 pour cent de Canal Plus, maire de Nogent-sur-Seine, il s'apprêtait au retour de son voyage en Afrique à poser sa candidature pour acquérir une partie du capital de TF1 privatisée. Avec Robert Maxwell.

Alors que l'avion s'est écrasé dans la nuit du 4 au 5, dès le 5 février, sans délai de grâce, les 20 heures ouvrent sur la nouvelle du jour. Patrick Poivre d'Arvor sur TF1 : « On est sans nouvelles de l'avion de Michel Baroin, disparu en Afrique. » Bernard Rapp sur Antenne 2 : « La disparition de Michel Baroin, le P-DG de la FNAC, son avion s'est écrasé près de Daouala, au Cameroun. » Rien n'est vraiment sûr encore, les présentateurs oscillent entre le conditionnel et l'indicatif. Bernard Rapp est en liaison avec un diplomate de l'ambassade de France au Cameroun : « On nous a juste signalé de source camerounaise qu'un avion se serait écrasé dans la région de Jakiri. On dit que c'est un avion français certainement d'après la cocarde mais c'est la seule information que nous ayons pour le moment. » Ce n'est pas grave, *the show must go on.* Les présentateurs découvrent en direct les dépêches de l'AFP. On n'est pas sûr à 100 pour cent de l'info. Mais qu'importe. Qu'importent les membres de la famille. On sort la « nécro » de Michel Baroin. Vite fait. L'info ne doit pas attendre. « Michel Baroin est ou était, indique Bernard Rapp, un patron de premier plan en France. Il venait d'être chargé d'une mission sur le bicentenaire de la Révolution française et s'était mis sur les rangs des repreneurs de TF1. » Parmi les titres de ce 5 février 1987, on apprend aussi que Terry Waite, l'émissaire britannique au Liban, aurait été grièvement blessé alors qu'il tentait d'échapper à ses ravisseurs mais aussi que les acquéreurs de TF1 devront débourser 3 milliards de francs pour détenir la moitié de la chaîne privatisée, une décision arrêtée par Édouard Balladur, alors ministre de l'Économie et des Finances.

« C'était le cauchemar absolu », se souvient François Baroin d'une voix neutre. Seule lueur dans ce tourbillon macabre, la présence de Jacques Chirac, venu avec ses proches collaborateurs, « tous très gentils et bienveillants », apporte un semblant de réconfort. Une bouée à laquelle se raccrocher. Juste histoire de garder la tête hors de l'eau. De ne pas se laisser submerger par la douleur. Juste pour faire comme si. Comme si la vie continuait. Alors que tout vient de basculer. Une fois encore.

Les jours qui suivent sont comme un cauchemar éveillé. Le 8 février, un dimanche, le corps de Michel Baroin, et des huit autres personnes qui étaient à bord avec lui, arrive à Villacoublay. Atmosphère glauque. Macabre. Courant d'air glacial dans le hall du pavillon d'honneur de cet aéroport militaire de la banlieue parisienne quand, à 2 heures du matin, le Transall C160, en provenance de Yaoundé, se pose sur le tarmac. Sanglots étouffés. Douleur brute, violente, quand les cercueils, des « boîtes plombées plutôt » comme le relate Alain Baroin, sortent de l'avion. Premiers hommages rapides. Furtifs et collectifs. Puis, dès le lendemain, hommages plus personnels. Rue de Lasteyrie, au siège de la Mission de commémoration du bicentenaire de la Révolution française (dont Michel Baroin avait été nommé président, un mois auparavant, par François Mitterrand et Jacques Chirac, respectivement président de la République et Premier ministre en cette période de cohabitation) et au domicile des Baroin, rue de Prony. Défilé des vrais amis et des relations. Des huiles et des autres. Les gradés et les sans-grade. Témoignages sincères, comme celui de Michel Rocard qui a l'air accablé, et plus convenus. De ceux qui sont là parce qu'il le faut, parce que « ça se fait » et des autres. Impression oppressante que tout recommence. Que l'histoire se répète. Garce.

Comme le raconte encore Alain Baroin, la pièce où est déposé le cercueil de Michel Baroin est la même que celle où fut déposé celui de Véronique quelques mois auparavant, le 26 avril 1986. Une sorte de jardin d'hiver où les effluves des fleurs blanches sont très présents, presque entêtants. Jacques Chirac revient avec son épouse Bernadette. Et là encore, celui qui est alors Premier ministre laisse cette même impression à François Baroin. De tendre et sincère compassion.

L'organisation des obsèques s'avère compliquée. La mère de François Baroin souhaite que son mari soit enterré religieusement. Mais l'évêché ne l'entend pas de cette oreille. Michel Baroin était Grand Maître du Grand Orient de France et, même si après la mort de sa fille son questionnement sur la foi et l'existence de Dieu s'était accru selon certains, ce que nie François Baroin, la plupart des représentants de l'Église ne conçoivent pas qu'un franc-maçon rejoigne sa dernière demeure avec la bénédiction de l'Église. De même certains francs-maçons ont du mal à admettre que l'un des leurs veuille recevoir les derniers sacrements de l'Église. Une broutille ? Un détail ? Loin de là. L'affaire fait couler beaucoup d'encre à l'époque. Elle prend des allures de débat national. Fait la une de certains journaux. La femme et le fils de Michel Baroin ont l'impression d'être promis au bûcher. Montrés du doigt par l'Église comme des pécheurs invétérés. On est en 1987 mais l'Église n'a guère évolué quant à son jugement sur la franc-maçonnerie depuis les propos du pape Clément XII, premier pape à prendre position après la naissance officielle de la franc-maçonnerie moderne, en 1717. Certes, les francs-maçons ne sont plus menacés d'excommunication, comme le stipulait l'encyclique de 1738 « *In eminenti apostolatus specula* » interdisant aux catholiques de s'affilier à la franc-maçonnerie. Le nouveau code de droit canon de 1983 ne mentionne plus la franc-maçonnerie dans aucune de ses dispositions et lève de fait cette sanction suprême de l'excommunication. Cependant, et comme le souligne le préfet de la Congrégation pour la doctrine de la foi, Joseph Ratzinger, le futur pape Benoît XVI, dans une déclaration du 26 novembre 1983 approuvée par le pape Jean Paul II : « Le jugement négatif de l'Église sur la franc-maçonnerie demeure inchangé [...] les catholiques qui en font partie sont en état de péché grave et ne peuvent approcher de la sainte communion. » Bref si, conséquence du concile Vatican II, qui encourageait l'Église au dialogue avec les non-croyants, les termes sont plus mesurés et les chrétiens enjoints à en finir avec la « diabolisation », les « injures » et les « anathèmes », le fond demeure : l'appartenance à l'Église catholique et celle à la franc-maçonnerie s'excluent mutuellement. On ne peut être « fils et filles de l'Église » et « fils de la veuve ».

Étrange sensation : François Baroin, qui a pourtant passé la plus grande partie de sa scolarité dans une école catholique, est heurté par cette polémique aux accents de croisade d'un autre temps. Voilà qui ne porte pas à le réconcilier avec une foi qui l'a déserté depuis quelque temps déjà. Et l'incompréhension face à la cruauté d'un destin qui lui avait déjà enlevé sa sœur quelques mois plus tôt se mue en une forme de rejet de la religion et de la hiérarchie tatillonne de l'Église. Mais aussi en une détestation de « tous les sectarismes d'où qu'ils viennent » car, symétriquement aux réticences de l'Église, la mère et le fils reçoivent aussi des lettres d'ultra-laïcs outrés. « C'était choquant, violent », se souvient François Baroin en repensant à cette période douloureuse.

Malgré cette polémique, la famille obtient finalement gain de cause. Grâce au père Piéplu, curé de Saint-François-de-Sales, duquel Michel Baroin s'était rapproché après la mort de sa fille, l'autorisation arrive enfin – l'affaire serait montée jusqu'au pape affirme la mère de François

Baroin – et, pour la première fois depuis cent vingt ans un Grand Maître maçonnique a droit à des obsèques religieuses. Et quelles obsèques ! Elles ont lieu le jeudi 12 février 1987. En l'église Saint-François-de-Sales, dans le XVIIe arrondissement. La famille n'a pas obtenu, comme elle le souhaitait, que la cérémonie se déroule à Notre-Dame de Paris ou à l'église de la Madeleine. Mais les obsèques prennent presque des allures d'hommage national. Le cercueil est recouvert d'un drapeau tricolore. Il est porté dans l'allée centrale par François Baroin, son oncle, Alain Baroin, un cousin, Pierrot, l'ami de toujours Pierre Gilbert, son cousin Michel Guérémy. Il y a des montagnes de fleurs. L'église est pleine à craquer. Jacques Chirac, visiblement ému, est au premier rang avec Bernadette. Il y a aussi des ministres en exercice, d'anciens ministres de droite et de gauche, le président de l'Assemblée nationale, Jacques Chaban-Delmas, celui du Sénat, Alain Poher, des chefs d'État africains, le comte de Paris, des représentants de tous les partis politiques et de toutes les religions. La *Valse de l'Empereur* de Johann Strauss, que Véronique et son père aimaient tant, accompagne le cortège jusqu'à l'autel. C'est le père Robert Piéplu qui prononce l'homélie. « Ce qui me frappait en Michel Baroin [...] c'est le sens qu'il avait de l'homme. Toute sa vie était consacrée à la grandeur de l'homme. Homme libre d'une liberté intérieure fondée sur la vérité et la justice, homme solidaire, homme responsable [...] il avait le souci de rassembler tous les hommes, quelle que soit l'idéologie qui les animait, pourvu qu'ils veuillent, les uns et les autres, avoir le souci du bien commun. [...] La mort de Véronique a ouvert dans le cœur de Michel Baroin, son père, une brèche qui lui a fait pressentir une certaine lumière sur l'homme, sa véritable grandeur, son destin éternel et donner à son combat pour cet homme une ardeur renouvelée. Il s'est accroché au Mystère. Certes, ma parole humaine n'a pas permis qu'il en découvre toute la profondeur. Mais il m'a avoué qu'à l'occasion de certaines liturgies auxquelles il participait une force nouvelle était en lui, la force de l'amour. »

Après l'hommage de l'Église, c'est Jacques Chirac qui lit celui de la République. Une République bonne fille qui avait déjà distingué à plusieurs reprises celui qui illustrait ce que l'on n'appelait pas encore l'ascenseur social et l'avait élevé à la dignité d'officier de la Légion d'honneur, le 2 décembre 1986. Des distinctions et hochets qui apparaissent alors bien dérisoires. Cependant, la famille est touchée par le discours du Premier ministre. « Il est difficile de rendre hommage à un homme d'exception quand on est bouleversé par la perte d'un ami. C'est le langage de l'affection qui monte aux lèvres, langage de tous ceux qu'une même douleur rassemble dans cette église. La disparition de Michel Baroin était bien plus qu'imprévisible, elle était inimaginable tant la vie, l'enthousiasme, la générosité qui débordaient de lui étaient contradictoires avec l'idée de la mort. » Jacques Chirac lit ce discours, probablement rédigé par une plume de service, un technocrate dévolu à cette tâche à Matignon, la gorge serrée. Les larmes aux yeux. Comme en 1974, au moment de la messe d'enterrement de Georges Pompidou, l'animal politique qu'il est montre parfois ses faiblesses. Il est sensible aux ambiances. Et, là, visiblement, il est touché au cœur par la disparition de cet « ami sûr, fidèle et sincère » avec qui il s'entretenait au téléphone presque tous les jours, affirme-t-il à l'été 2011 [1]. Étonnamment, Jacques Chirac ne mentionne cependant pas le fils de son ami dans son discours et ne s'adresse, très protocolairement, qu'à sa mère. « Permettez-moi, madame, de vous dire que nous sommes vraiment à vos côtés pour vous assister dans cette épreuve si cruelle. » Qu'importe. Le fils ne lui en tient pas rigueur. Aujourd'hui encore, il évoque un discours « sublimissime » de Jacques Chirac. Et, surtout dans les faits, derrière les mots toujours un peu convenus, Jacques Chirac sera, à partir de ce moment, vraiment là. Présent dans les moments difficiles. Parrain bienveillant. Tuteur attentif.

---

1. Entretien avec l'auteur.

Mais on n'en est pas là. Une fois cette cérémonie grandiose achevée, François Baroin et sa mère se retrouvent seuls avec leur peine. Et, pour le fils, plane cette ombre écrasante d'un père solaire, flamboyant qui irradiait de son aura tous ceux qui l'entouraient.

Sans cette disparition, sans ces disparitions, cette famille réduite soudain à sa plus simple expression, comme une véritable peau de chagrin, la vie de François Baroin eût été différente. Il aurait très probablement suivi une autre trajectoire. Dans la presse ou l'audiovisuel. Mais pas dans la politique. Ce monde qui pourtant attirait tant son père. Sans ces deux coups de tonnerre dans sa vie plutôt bien tracée et insouciante jusqu'ici, François Baroin n'aurait pas dans les yeux, et toujours présente, cette pointe de tristesse. Il ne se serait pas forgé non plus cette carapace invisible, cette armure qui fait que les attaques personnelles et les petits coups mesquins de la politique glissent sur lui. Apparaissent terriblement dérisoires.

Avec à son côté une mère dévastée par le chagrin, François Baroin voit l'ordre naturel des choses s'inverser. Il change de dimension. Le dépit. La révolte. Le dégoût. La prise de conscience de la fragilité de la vie. De la précarité des choses. Tout se mélange. En quelques mois, le jeune homme a pris quarante ans. Sa jeunesse à peine commencée, déjà considérablement assombrie par la disparition accidentelle de sa sœur, a pris fin. Il a beau avoir l'air jeune, arborer l'enveloppe extérieure d'un étudiant comme il y en a des millions, il est en réalité devenu un jeune vieux. Un vieil enfant. Rien ne sera plus comme avant.

On n'est pas ainsi frappé par la tragédie sans avoir le sourd pressentiment – lancinant, présent, obsédant – que, du jour au lendemain, tout peut s'arrêter. Que la malédiction peut à nouveau frapper. Chez certains, cette certitude libère. Chez d'autres, elle « oblige » à faire quelque chose de sa vie. On attrape alors la balle au bond. « Soit je décidais de continuer de vivre, soit je décidais de faire quelque chose de ma vie », résume Baroin.

Avec une obsession : « Soulager ma mère et respecter la mémoire de mon père. »

2.

PORTE-PAROLE(S)

Après les obsèques de son père, François Baroin voit un gouffre s'ouvrir devant lui. Un vide, béant. Il passe des nuits blanches les yeux grands ouverts. Des nuits interminables durant lesquelles, n'arrivant plus à dormir, il ne trouve le réconfort que dans la lecture. Les livres d'histoire, de philosophie, de poésie aussi. Tiens, comme Chirac. Avant, il bouquinait utile. Pour l'école, la fac. Un peu cossard. Là, il bouquine utile, aussi. Mais pour survivre. Seule la poésie « qui touche aux ressorts les plus intimes » lui procure une forme d'apaisement, « une émotion tendre et acceptable », dit-il. Il dévore Aron, Sartre – les deux en même temps –, Camus. Il est enthousiasmé par Chateaubriand, Hugo, son « écriture parfaite, pure, détaillée ». Peut réciter par cœur des passages de Hugo, de ce poème

« À Villequier », écrit après la mort de sa fille Léopoldine. « Le monde est sombre, ô Dieu ! L'immuable harmonie / Se compose des pleurs aussi bien que des chants ; / L'homme n'est qu'un atome en cette ombre infinie, / Nuit où montent les bons, où tombent les méchants. »

Après l'enterrement de son père, François Baroin découvre le monde d'un autre œil : avec d'un côté des usurpateurs, soi-disant amis de son père qui brillent par leur absence et de l'autre, certains que l'on n'attendait pas, comme Jacques Chirac.

À l'époque, en prépa au lycée Claude-Bernard à Paris, il peut surtout s'appuyer sur sa bande de copains. Un groupe très soudé, uni, d'amis qui connaissaient tous son père et qui, après son décès, ont organisé une sorte de garde du cœur autour de leur camarade. « On vivait en apesanteur, on n'allait plus en cours. C'est un peu comme si on avait constitué une espèce de phalanstère provisoire, on a vécu quelque chose de très dense, organique », se souvient ainsi son meilleur ami Jean-Michel Blanquer. Les copains qui s'étaient déjà relayés pour dormir chacun à leur tour chez « Fanfan » au moment de la mort de sa sœur, quelques mois plus tôt, font à nouveau bloc. Ils cherchent à tout prix à éviter le tête-à-tête mère-fils, le huis clos sentimental et obligatoirement pesant, lourd des absences des êtres disparus. Ils savent bien que malgré leurs efforts, malgré ces liens qui se tissent dans ces heures-là et qui forgeront à tout jamais les amis du premier cercle, les vrais, pas les politiques, quelque chose a irrémédiablement changé. François Baroin, qui affichait déjà après la mort de sa sœur une espèce d'inquiétude et de pessimisme latents, est passé dans une autre dimension. Avant, avant la mort de sa sœur et de son père, il vivait le nez en l'air, dans une espèce d'insouciance en se disant que rien de bien grave ne pouvait lui arriver. Là, il est devenu un autre.

Il a terminé ses deux années de prépa à HEC au lycée Claude-Bernard dans le XVIe arrondissement et a raté sa deuxième année. Pour rester au côté de sa mère, il choisit alors de rejoindre l'ISG, école de commerce parisienne du XVIe arrondissement de Paris, où se pressent beaucoup de filles et fils à papa.

Par-delà sa peine, il doit faire face aux rumeurs qui circulent sur les circonstances de la mort de son père qui ne serait pas accidentelle. « J'ai tout entendu, se rappelle François Baroin, toutes les rumeurs, on a dit que c'était les services secrets de Bouygues qui ne voulaient pas qu'il devienne actionnaire de TF1, on a dit que c'était un État africain. » Son ami d'enfance Jean-Michel Blanquer examine, dans la biographie de Michel Baroin[1] qu'il publie quelques années plus tard,

1. *Michel Baroin : les secrets d'une influence*, Plon, 1992.

en 1992, toutes les hypothèses. Il cite, dans son livre, le témoignage anonyme d'un ami de Michel Baroin qui affirme que l'ordre de faire disparaître Michel Baroin serait venu d'un très proche conseiller d'un très haut responsable politique. « Le mobile ? Baroin risquait de devenir gênant s'il faisait de la politique. Il en savait beaucoup sur le financement des partis. » Blanquer envisage aussi l'hypothèse internationale. Michel Baroin aurait eu comme mission de préparer le voyage de Sassou N'Guesso, alors président de l'Organisation de l'unité africaine (OUA), en France et de discuter avec lui du problème tchadien. Il était parti dans le but d'initier le président congolais à la franc-maçonnerie, « ceci dans un contexte de compétition exacerbée avec les loges anglo-saxonnes et dans le cadre de luttes d'influence croisées (France-Libye, Occident-URSS, franc-maçonnerie libérale et franc-maçonnerie anglo-saxonne) ». Le biographe de Michel Baroin rappelle que l'enquête judiciaire ordonnée par le parquet de Bobigny sur plainte de Mme Baroin « attendra très longtemps le résultat de l'enquête de l'aviation civile » et conclura « à un accident dû à différents facteurs » et en premier lieu à « une panne du circuit anémométrique ayant mené à un décrochage ». Mais Blanquer relève cependant qu'« une conjonction d'incohérences et de faits troubles » suscite le doute.

Dans le livre *Une guerre*[1], paru quelques années plus tard, la journaliste Dominique Lorentz arrive à la conclusion que la mort de l'ancien président de la GMF serait liée – tout comme celle de Georges Besse, le président de Renault – à un contentieux entre la France et l'Iran à propos d'Eurodif, un consortium d'enrichissement d'uranium européen. Le sujet est encore sensible. François Baroin qui, selon l'un de ses amis, a paru douter, un temps, du caractère accidentel de la mort de son père, a développé pendant quelques années « une méfiance naturelle, instinctive, envers le monde extérieur, comme si l'assassin de son père pouvait se trouver parmi ceux qui l'entourent ». Il n'aime pas en parler. Se contentant de dire que toutes les hypothèses ont circulé. Sa mère, elle aussi, balaie le sujet d'un revers de la main. Quand on évoque la thèse d'un assassinat de son mari, elle répond : « On ne le saura jamais. Je ne le saurai jamais. Je ne veux pas qu'on le sache et de toute façon je ne le crois pas. C'était un accident. Un décrochage, les pilotes de chasse vous expliqueront très bien ce que c'est. » Et d'ajouter : « C'est souvent ainsi quand il s'agit de quelqu'un d'un peu connu, on ne veut pas d'une mort simple. »

Malgré ces rumeurs et ces interrogations, qui ne peuvent qu'accroître la douleur, étonnamment,

1. *Une guerre*, Les Arènes, 1997.

très vite, dans les mois qui suivent la disparition de Michel Baroin, l'ébauche de ce que va être « la vie d'après » de François Baroin se dessine. Toutes les pièces du puzzle sont là. Mais encore dispersées. La politique, avec le parrainage bienveillant de Jacques Chirac, l'exposition publique, le talent de communication, la prédisposition – déjà – à porter la voix d'un autre, à transmettre le message d'un autre. Manière de s'impliquer en restant à l'abri. Par procuration, par délégation. Tout est là. Certes, le jeune homme n'a pas la révélation immédiate et claire de ce que va être sa vie. Mais il comprend confusément que ces épreuves impliquent un dépassement de soi. Sorte de relais initiatique et médiatique : il accepte, lui qui n'est alors qu'un jeune étudiant, d'aller défendre le livre que son père s'apprêtait à publier, à la télévision, à « Apostrophes ». L'air de rien, le voilà qui prend déjà la place du père. Évidemment, il ne l'a pas choisi. Mais c'est un signe. La nouvelle vie de François Baroin commence à partir de cette exposition. Et de ce transfert. Plus ou moins assumé.

L'été précédant l'accident d'avion, le jeune Baroin était allé en Creuse, dans la maison familiale. Son père lui avait demandé de relire les épreuves de ce livre qu'il venait d'écrire en trois semaines, après la mort de sa fille Véronique, enfermé dans le studio qu'occupait la jeune fille. Des séances de relecture entrecoupées par des parties de pêche et de longues conversations entre le fils et le père. « Pendant les neuf mois durant lesquels mon mari a survécu à ma fille, François et son père ne se sont pas quittés. Ils ont passé beaucoup de temps ensemble. La nuit parfois. Il s'est passé des choses entre eux pendant ces neuf mois. » Est-ce son père qui lui a insufflé pendant cette période la force de le faire ? En tout cas, lorsque après l'enterrement l'éditrice Odile Jacob demande à rencontrer François Baroin pour qu'il présente le livre de son père, intitulé *La Force de l'amour*, celui-ci n'hésite pas longtemps. Pivot a pensé qu'Odile Jacob, éditrice dynamique qui vient alors de monter sa société pourrait s'acquitter de cette tâche, mais elle pense que ce serait mieux si c'était le propre fils de Michel Baroin. Pivot s'inquiète : « Il n'est pas trop jeune ? Ce ne sera pas trop dur ? » Odile Jacob pense que non. Elle a raison. François Baroin n'hésite pas une seconde. « C'était naturel, c'était mon devoir. »

C'est en lisant *Télé 7 Jours* que Jacques Chirac apprend que le fils de son ami défunt va passer à ce qui est alors l'une des émissions phare de la télévision française. Il lui propose de déjeuner avec lui le vendredi, jour d'enregistrement de l'émission. Après les deux drames qu'il a connus successivement, François Baroin est devenu un autre. Il aurait pu sombrer dans la dépression mais, non, il a décidé, comme mû par une espèce de force intérieure, de donner un sens à sa vie. De sortir de lui. Alors, aller sur un plateau de télévision, dans l'une des émissions les plus regardées de l'époque, pour parler du livre de son père, cela ne l'effraie pas plus que cela. Comme cela ne l'impressionne pas plus que cela que, pour l'occasion, Jacques Chirac se mue en coach télévisuel. Le 6 mars 1987, jour d'enregistrement de l'émission, et comme promis, le « pote » de son père le convie donc à déjeuner en tête à tête à Matignon où il se rend pour la première fois. (Il a déjà vu Chirac mais dans son bureau de l'Hôtel de Ville.) Le Premier ministre, guère brillant dans ses prestations télévisuelles, lui dit tout de go, avec cette absence d'amour-propre qui fait sa patte : « La télé c'est très dur. Je peux t'en parler, je suis le plus mauvais. » Et rassure son petit protégé : « Surtout ne t'inquiète pas. Ne réfléchis pas, ne calcule pas. Sois toi-même. N'aie aucune angoisse. N'aie peur de rien. C'est ton père, tu l'aimais. Et puis, fais des phrases simples. »

Quelques heures plus tard et après que le célèbre générique d'« Apostrophes » – ces quelques notes du *Concerto pour piano n° 1* de Rachmaninov – vient de résonner, des millions de Français (l'émission est alors suivie en moyenne par 2 millions de téléspectateurs) découvrent dans leur salon le grave minois de François Baroin. Bernard Pivot le présente ainsi : « Vous avez vingt ans. Vous êtes étudiant en sociologie à la Sorbonne, vous êtes élève à l'ISG, vous nous parlerez tout à l'heure du livre posthume d'un homme qui était exceptionnel, qui était Michel Baroin qui était votre père. Ce livre dont il avait remis le manuscrit quelques jours avant sa mort accidentelle. Son titre : *La Force de l'amour.* » Vêtu d'un blazer sombre et d'une fine cravate bleu marine, le jeune homme ne porte pas les fameuses petites lunettes qui lui seront éternellement associées par la suite. Il semble à peine impressionné, offre à la caméra un visage fermé, les lèvres serrées, comme concentré sur le défi qu'il doit relever. Son regard est parfois empreint de larmes mais sa voix – qui n'est pas la voix grave qu'on lui connaît aujourd'hui –, elle, est assurée. Et ne tremble pas. Tout en émotion contenue, servant un discours cohérent et construit, le jeune homme crève l'écran. Il intervient même dans le débat sans qu'on le lui demande pour apporter son témoignage sur le livre que vient de présenter la journaliste Marie-Thérèse Guichard, *Danielle, Bernadette et les autres*, sur les femmes d'hommes publics. Alors que la journaliste vient de souligner le côté infantile de beaucoup d'hommes politiques, François Baroin abonde dans son sens : « Les hommes politiques sont de grands enfants. Ils ont besoin d'être rassurés. Ma mère était tout le temps en train de rassurer mon père. Ce n'était pas un homme politique à proprement parler mais lorsqu'il rentrait fatigué après une journée terrible, elle était là. Elle lui disait fais ceci, fais cela, repose-toi. Et là, l'influence est réelle. » Étrange impression. Regard amusé de Bernard Pivot. François Baroin n'a que vingt ans mais une étonnante – et à dire vrai presque effrayante – maturité. Il parle de son père et des hommes politiques en général comme un adulte toisant des petits garnements. Il a vingt ans et on dirait déjà un vieux sage. Une impression qui se confirme lorsqu'il présente gravement le livre de son père avec un sens de la synthèse et une conviction qui emportent l'adhésion.

Odile Jacob ne s'était pas trompée : il n'y avait pas meilleur avocat que François Baroin pour défendre le livre de son père. Même sur le plateau, les autres intervenants, parmi lesquels Charles Villeneuve, Félicien Marceau et l'avocat d'Abdallah, ont l'air bluffé. Après l'émission, les témoignages admiratifs et de félicitations affluent. Le lendemain, Baroin prend conscience de l'impact de sa participation à « Apostrophes ». Les ventes décollent. Le livre est en tête des essais pendant trois mois. « Tu étais fantastique ! » Sitôt l'émission terminée, Chirac l'appelle et ne fait pas dans la nuance. Le même jour, François Baroin reçoit un coup de fil de Jean-Pierre Elkabbach. Le journaliste, alors directeur d'antenne de la station de la rue François-Ier et présentateur de la tranche matinale de 8 à 9 heures, veut voir le jeune homme. François Baroin, très impressionné, prend rendez-vous. Et Elkabbach, qui a des talents de chien truffier pour détecter les talents mais aussi les rudoyer, n'y va pas par quatre chemins. « Je vous ai vu à la télé. Vous ne vous en rendez pas compte mais vous avez été exceptionnel, lui dit-il aussi. Je pense que vous êtes fait pour être journaliste. Il va falloir casser tout ça. Il va falloir apprendre la vie. Je cherche des jeunes reporters. Je vous donne votre chance. » Le jeune étudiant bien que flatté décline l'offre. « Je vous rappellerai », lui lance le journaliste déjà vedette d'Europe 1.

En attendant, François Baroin a accepté la proposition d'Edgar Faure – qui a succédé à son père à la Mission du bicentenaire – de s'occuper, au sein de la mission du bicentenaire, de la jeunesse. Cela a une logique : en 1985, fortement influencé par son père, le jeune homme a créé, avec deux de ses bons amis Jean-Michel Blanquer et Richard Senghor, une association dénommée AD 89, Association pour la déclaration du 26 août 1989, ayant pour objectif de rédiger une Déclaration des droits et devoirs de l'être humain, proposée par la jeunesse.

Lorsque Edgar Faure meurt en mars 1988 et est remplacé par Jean-Noël Jeanneney, François Baroin quitte la Mission du bicentenaire. Cela entraîne un petit écho dans la presse qui n'échappe pas à Jean-Pierre Elkabbach : « C'est quoi maintenant votre argument pour refuser ? »

François Baroin accepte cette fois-ci la proposition de Jean-Pierre Elkabbach. Le journaliste qui conserve une vraie tendresse pour ce poulain a eu un rôle important dans le lent retour à la vie, à la « vraie vie » du jeune homme. « Il m'a donné l'obligation de redevenir curieux. Il m'a appris qu'il n'y avait pas de petits sujets en information, que des petits journalistes. » Une phrase qui renvoie comme en écho à l'une des maximes préférées de Jacques Chirac : « Dans la vie, il n'y a pas de petites choses, il n'y a que des petites gens. » Une phrase qu'aurait affectionnée également Michel Baroin, le père de François. Ce genre de petites phrases qui aident à se construire. Qui sont comme des repères, des balises dans une vie surtout quand on ne croit plus en rien.

À Europe 1, rue François-Ier, après son passage à la Mission du bicentenaire, François Baroin passe des grandes idées de la Révolution française à la réalité du terrain. Il fait un stage d'observation, puis se retrouve à la rédaction à partir de septembre 1989. Mais l'apprenti journaliste n'est pas un parfait inconnu. Outre son passage en 1987 à « Apostrophes », le 26 août 1989, il a participé avec ses deux compères Jean-Michel Blanquer et Richard Senghor, à une cérémonie grandiose retransmise en direct à la télévision et au cours de laquelle des jeunes du monde entier ont lu des extraits de la Déclaration des droits et devoirs de l'être humain que les trois étudiants ont rédigée avec la collaboration de cinq cents jeunes venant du monde entier. L'article 1 de cette nouvelle Déclaration stipule : « Tous les êtres sont universellement égaux et particulièrement différents. L'égalité universelle et les différences particulières doivent être respectées. » Pour l'occasion les trois jeunes amis ont remis solennellement leur texte à François Mitterrand, à l'Arche de la Défense, inaugurée ce jour-là par le président de la République sous le nom de l'Arche de la fraternité. Ils ont ensuite été interviewés par Noël Mamère dans le cadre d'une émission en prime time diffusée par France 2.

Quand il arrive à Europe 1, Baroin n'est donc pas tout à fait comme les autres journalistes débutants. Il a déjà connu sa petite heure de gloire médiatique.

Les informations générales, c'est la vraie école du journalisme. Une école de vie, aussi, où l'on côtoie les petites et grandes misères du monde. Où l'on se doit d'être totalement polyvalent. Capable de couvrir le plus horrible des faits divers à la recherche de témoignages comme de suivre des débats de société. À moto à toute heure, le jeune Baroin fonce. Apprend à faire des commentaires, des montages sur bobinos, à surveiller les dépêches que crachent encore à cette époque les téléscripteurs. Interviews, présentation de journaux, le « petit » bénéficie d'une formation accélérée. Et apprend vite. À Europe, les grandes voix de l'époque sont Olivier de Rincquesen, Stéphane Paoli et parmi les petits jeunes Sylvain Attal, Christine Fauvet-Mycia et Emmanuel Faux, le fils de Gisèle Halimi qui devient son ami. Pendant ce temps Baroin continue ses études, un DESS de l'information à l'IFP. Sa mère est rassurée.

Baroin n'a pas de régime à part. On ne lui fait pas de cadeaux. De la grève du RER en gare du Nord à 6 heures du mat au salon de l'ésotérisme porte de Versailles le samedi après-midi, il se « tape » tout. Boulimique. Faisant parfois 3-4 sujets par jour. Manière de fuite dans le travail. Qu'importe. Il adore ça. Les départs au débotté avec les techniciens à moto. Les montages à la hâte. Les interviews à l'arraché. Les sorties en boîte, aussi, parfois avec les copains de la rédaction. À l'époque, Jean-Pierre Joulin est directeur de la rédaction. C'est le début des journalistes animateurs avec leurs salaires pharaoniques et leurs poses de stars. Delarue avec ses cigares débarque rue François-Ier. Baroin crée avec son ami Emmanuel Faux une société des rédacteurs à Europe 1. Il monte au créneau. Dénonce avec d'autres la pollution de l'antenne.

Après un peu plus d'un an aux « infos géné », il intègre le service économique, commence à faire des flashes en remplacement. Puis arrive au service politique avec Emmanuel Faux. Les quatre colonnes. La cour de l'Élysée pour la sortie du Conseil des ministres, le mercredi, Baroin comme ses pairs suit le tout-venant. Mais il n'est pas vraiment comme les autres. Il a un pedigree politique. Une marque indélébile. C'est le protégé de Chirac. Difficile de s'en défaire. Même s'il fait tout pour se fondre dans la masse – « Je me souviens de lui partant en reportage avec son Nagra de 12 kilos sur l'épaule, il a travaillé comme tous les autres sans statut particulier », témoigne Elkabbach – ses petits camarades sont déconcertés par la facilité avec laquelle il décroche certaines interviews. S'étonnent des relations de ce petit jeune qui s'efforce de ne pas en faire l'étalage. Pas toujours efficacement. Démonstration éclatante avec un reportage mémorable qu'il réalise en Corrèze à l'occasion de la campagne des cantonales de Bernadette Chirac. Jacques Chirac, venu encourager sa femme, est au micro. Et, tout naturellement, en profite pour rendre hommage à son petit protégé. Pendant cinq minutes et avec son sens de la nuance légendaire le maire de Paris tresse des louanges au jeune Baroin. Évoque la mémoire de son père qui a tant aidé la Corrèze… Le jeune reporter qui essaie tant de se noyer dans la masse est mortifié. Il ne sait plus où se mettre. Arrive l'été 1992, Baroin continue à voir son parrain tous les six mois. Pour parler de tout. Et de rien. Cette fois-ci, Chirac y va franco. « Je pense que tu dois faire de la politique. Si cela t'intéresse, je peux te trouver une circonscription pour les législatives. » Baroin adore son métier,

Europe 1, mais il est frappé par le fait que les journalistes vieillissent mal. Encouragé par son parrain politique, qui ne voit guère d'autre issue valable pour un jeune qui a du talent que « faire de la politique », il franchit le pas. Il conservera cependant des relations étroites avec Jean-Pierre Elkabbach mais aussi avec les journalistes et les techniciens de la station qu'il embrasse et appelle toujours par leurs prénoms quand il vient dans la station de la rue François-Ier. Mais de l'autre côté du micro.

Son expérience de journaliste et plus généralement son talent de pédagogue, son don pour trouver les petites phrases qui font parfois tilt, juste bien formatées pour faire de la radio, lui serviront dans sa nouvelle carrière de politique. Et surtout dans ses fonctions de porte-parole qu'il exercera à de nombreuses reprises. Comme porte-parole de Jacques Chirac, lors de la présidentielle en 1995. Éphémère porte-parole du gouvernement Juppé en 1995. Comme porte-parole de l'UMP puis à nouveau porte-parole du gouvernement mais cette fois aussi ministre du Budget du gouvernement Fillon, de novembre 2010 à juin 2011. Comme si, chez lui, parler au nom des autres était une seconde nature. Une couverture bien pratique. Permettant d'avancer masqué. De s'exposer mais à moitié. Pas pour de vrai puisque ce n'est pas en son propre nom. À « Apostrophes », au nom du père. À la radio, au nom des auditeurs. Comme avocat, métier qu'il n'exercera guère, au nom des clients. Comme ministre de l'Intérieur, au nom du père, encore. Puis comme porte-parole à quatre reprises, au nom de Jacques Chirac, du gouvernement (celui d'Alain Juppé puis celui de François Fillon) ou de l'UMP... Porte-parole. Une drôle de fonction. Qui exige que l'on soit toujours et tout le temps sur le qui-vive. Au courant de tous les dossiers chauds du moment. Une fonction assez stressante en fait pour un angoissé comme François Baroin et qui consiste finalement à être toujours en première ligne. Mais pas pour soi. Pour les autres. Une fonction qui implique pense-t-on si ce n'est le recours fréquent au mensonge, en tout cas un exercice maîtrisé de la langue de bois. Du parler pour ne rien dire. Ou pour ne pas dire grand-chose. François Baroin réfute évidemment cette interprétation. Il préfère affirmer qu'il « faut assumer que l'on ne peut pas tout dire ». « Disons, reconnaît-il, que l'on arrange un peu la réalité pour la rendre présentable. Voilà, il faut trouver les mots. Les mots aimables pour le dire. » Ou ne pas le dire. François Baroin s'en sort par des pirouettes, des bons mots ou des petites phrases qu'il a souvent travaillés auparavant. « Quand je souhaite qu'une formule soit reprise, en général ça marche, sinon je la répète. » Ainsi, lorsqu'en janvier 2011, assailli de questions sur les vacances de Noël de Michèle Alliot-Marie en Tunisie (alors que la rue commence à se soulever contre le régime de Ben Ali) et de François Fillon en Égypte, François Baroin préfère s'en sortir par une pirouette au point de presse du Conseil des ministres. « Je ne voyais pas de solution pertinente pour expliquer rationnellement ce qui s'est passé. J'ai donc fait le choix de l'humour. Quand on m'a demandé quelle était l'ambiance au Conseil, j'ai rétorqué : "Je vous le dis franchement l'ambiance n'était pas vraiment aux vacances." Voilà, cette petite phrase a été reprise, elle a été donnée au 20 heures et ça a évité de rentrer dans le détail. Est-ce que c'est mentir ? Non. Est-ce que c'est contourner l'explication qui dans la réalité était compliquée ? Il n'est pas interdit d'essayer d'être malin. On n'y arrive pas toujours… » La fonction de porte-parole est, il faut l'avouer, assez ingrate. Elle implique une exposition médiatique maximum et multiplie donc les occasions de faire un faux pas. De dire un mot de travers. Lorsque Nicolas Sarkozy lui propose d'être à nouveau porte-parole du gouvernement, en novembre 2010, quelques mois après sa nomination comme ministre du Budget, François Baroin n'est d'ailleurs pas franchement emballé : il a un peu l'impression d'être condamné à ce poste. « Le seul intérêt de cette fonction, c'est de faire de la pédagogie. Essayer d'expliquer simplement des choses compliquées. De trouver des angles qui ensuite permettent d'être repris et peuvent provoquer des débats. En revanche, reconnaît-il, je trouve très chiant le côté répétition servile du prêt-à-penser, du communiqué. Cela m'emmerde, cela ne m'intéresse pas. J'en ai épuisé les charmes et ce n'est pas mon truc. Cela ne l'a jamais été. » En tout cas, ingrats, les journalistes qui assistent à la conférence de presse qui suit le Conseil des ministres, chaque mercredi, ne sont pas vraiment conquis par les talents de leur ancien collègue : certains, cruels, surnomment le porte-parole Stilnox, le nom d'un puissant somnifère... François Baroin n'en a cure, il sait bien que ce n'est pas là que se construit une carrière politique et que l'exercice est par essence un peu soporifique.

Seule exception : la fonction de porte-parole pendant une campagne présidentielle. François Baroin se souvient ainsi avec émotion de son rôle pendant la campagne présidentielle de 1995. Un poste qui va lui mettre le pied à l'étrier mais que le jeune homme refuse pourtant dans un premier temps lorsque Jacques Chirac lui en parle. « Certes, j'avais été journaliste, certes je savais à peu près parler et je pouvais faire des petits modules à la télé ou à la radio de 50-60 secondes mais je n'avais qu'un an et demi d'expérience politique. Je trouvais donc incroyable que Jacques Chirac, pour qui cela pouvait être la dernière campagne présidentielle, prenne ce risque. Je ne m'en sentais pas capable. » C'est donc convaincu d'être dégagé de cette lourde responsabilité que

François Baroin se rend à une réunion en 1994, dans le bureau du maire de Paris. C'est l'époque noire. La France est en pleine balladurisation. Autour de Jacques Chirac seuls sont restés les fidèles d'entre les fidèles. Sa fille, Claude, Maurice Ulrich, Jean-Pierre Denis, Christine Albanel. Le maire de Paris prend la parole. Indique qu'il « a proposé à François d'être porte-parole ». Le jeune Baroin qui a décliné l'offre la semaine précédente est très serein. Mais Chirac continue : « Et je le remercie parce qu'il a accepté. » François Baroin regarde, incrédule, Chirac qui lui décoche un grand sourire et poursuit : « Regardez-le se ratatiner dans son fauteuil. François va être un bon porte-parole. » François Baroin, scotché, n'ose pas dire non en public. Il devient donc malgré lui porte-parole d'un candidat regardé à l'époque avec commisération par le tout-Paris politico-médiatique. Il s'acquitte de sa tâche consciencieusement. Avec un peu d'appréhension tout de même face à un Nicolas Sarkozy qui exerce la même fonction dans le camp balladurien et fait preuve « d'un véritable talent médiatique, d'un talent politique évident » qui impressionne tous les petits jeunes, ceux que l'on appellera par la suite les bébés Chirac, les Copé, Baroin, Saint-Sernin, Muselier restés dans le camp chiraquien. Mais bon, malgré la pression, malgré la menace d'un Sarkozy qui n'hésitera pas à lui dire « Baroin, la route est longue mais pour toi elle peut s'arrêter maintenant », il fait face au regard médusé des uns et ironique des autres. Encaisse les coups. Se montre le bon élève de service, assurant le job, avec son petit air de jeune garçon de bonne famille dans ce QG de l'avenue d'Iéna qui semble si grand pour une équipe réduite à la portion congrue. Évidemment, François Baroin ne fait pas des étincelles. Il tâtonne au début puis, peu à peu, prend de l'assurance. Se lâche. Rode des petites formules comme, lorsque la pomme devient le symbole de la reconquista chiraquienne : « Que la pomme donne la pêche ce n'est pas si mal. » Gentillet. Au QG du candidat tout le monde ne regarde pas d'un bon œil le petit protégé de Jacques Chirac. Notamment les vieux de la vieille, ceux qui estiment faire partie du premier cercle. Un membre de l'équipe présidentielle se souvient que le porte-parole n'était pas toujours là. Souvent en vadrouille. Claude Chirac, avec qui il s'entend pourtant bien et qui ne tarit pas aujourd'hui d'éloges à son sujet, s'est souvent énervée de ne pas pouvoir mettre la main sur lui, se rappelle un membre du QG. « On lui laissait plein de messages sur son portable et il mettait toujours du temps à répondre. » Christine Albanel, ancienne de l'équipe de l'Hôtel de Ville, qui était la plume du candidat puis fut celle du président (elle rédigea notamment son fameux discours du Vél' d'Hiv), n'a pas gardé de souvenir très marquant de lui. « On a vu arriver tout d'un coup aux réunions du matin ce petit gamin aux petites formules. » « Sa voix veloutée peinait à masquer le creux abyssal de sa pensée. C'était le spécialiste pour balancer deux évidences bien creuses, puis une pirouette finale qui se voulait d'une profondeur énorme », juge un membre de l'équipe d'alors. Jean-Louis Debré n'est guère plus aimable. Il ne se souvient pas vraiment de ses interventions pendant la campagne. Évidemment, face aux discours tonitruants et lourds de sens d'un Philippe Séguin, qui auront un rôle indéniable dans le retournement de la campagne, les petites phrases du petit Baroin ne pèsent pas lourd. Et étonnamment c'est plutôt du camp d'en face que viennent le plus de compliments. Le député socialiste Julien Dray trouve ainsi que le benjamin de l'Assemblée s'en est sorti avec les honneurs face aux adversaires balladuriens. En tout cas, quels que soient les souvenirs contrastés des uns et des autres, François Baroin se sent dans son élément, tout à fait à l'aise dans ce bouillonnement qu'entraîne une campagne présidentielle, où tout est exacerbé, où l'on hume à pleines narines l'odeur de la poudre. Cette campagne de 1995 demeure l'un de ses meilleurs souvenirs politiques. « Je me suis régalé, se rappelle-t-il avec un grand sourire aux lèvres, parce qu'on a pu cogner Balladur. » Et, visiblement, malgré ses airs d'enfant à qui l'on donnerait le Bon Dieu sans confession, François Baroin aime bien « cogner ».

Cela l'amuse. Ceux qui en doutent doivent l'observer lors des séances de débat ou lors des questions à l'Assemblée nationale. Rien à voir avec la figure bien proprette et cadrée qu'il offre dans ses interventions dans les médias.

L'Assemblée, où il siège depuis son élection en 1993, est clairement son terrain de prédilection. Là, le ministre lâche ses coups. Parlant toujours sans notes – « Je n'ai jamais fait une réponse avec un papier », souligne-t-il fièrement –, y compris pour évoquer des sujets très techniques, il semble dans son élément. Particulièrement à l'aise quand il s'agit de castagner les socialistes. Donner des coups, il aime ça et il le fait plutôt efficacement. « Oui, j'aime bien, reconnaît-il, c'est la politique. Sans filet. L'Assemblée, c'est mon univers, je ne suis pas impressionné par les lieux ou par ceux que j'ai en face de moi. » Et puis, dans l'hémicycle, dans ce théâtre où les règles de l'art oratoire sont impitoyables, la voix de François Baroin, cette voix grave caverneuse – certains députés le surnomment Barry White – fait merveille. En réalité, Baroin, ce jeune homme moderne, aime la politique à l'ancienne. Il la pratique de manière un peu désuète et emphatique. Il a des faux airs de Laurent Delahousse mais une éloquence à la Gérard Philipe. Nicolas Canteloup qui, sur Europe 1, le dépeint comme une espèce de preux chevalier d'un autre temps usant de formules désuètes « je vous laisse partir je dois », vise plutôt juste. Mais le chevalier, très au fait des règles de la communication contemporaine, ne manque jamais d'assortir ses grandes envolées lyriques de petites formules ciselées afin de « faire de la reprise » dans les médias.

Lorsque fin avril 2011 Dominique Strauss-Kahn, alors directeur général du FMI mais pas encore officiellement candidat à la présidentielle, commet une erreur de débutant en montant dans la Porsche Panamera de son conseiller en communication, le porte-parole du gouvernement s'en donne à cœur joie à l'Assemblée nationale, lors des questions au gouvernement retransmises à la télévision. Répondant à la question d'un député socialiste à propos de la cacophonie gouvernementale sur le revenu de solidarité active (RSA), il se lâche : « Vous n'avez pas encore de candidats mais il est certain qu'avec la Porsche tranquille vous avez déjà votre slogan pour l'année prochaine… si cela peut vous permettre d'aller plus vite sur le chemin du remords pour reconnaître vos contradictions… » Ouf, la repartie est belle mais la phrase, comme souvent, interminable. On se demande si le ministre aura assez de souffle pour la terminer mais oui, il y parvient et, une fois sa tirade finie, rabat le micro d'un geste de la main et va se rasseoir au banc du gouvernement. Content de lui et de l'effet produit. Ses « petites phrases », François Baroin les concocte à l'avance. Il se les met en bouche avant de les lâcher une fois bien maîtrisées. Certains trouvent qu'il en fait un peu trop, qu'il fait un peu trop grincer les violons, comme lorsqu'il défend Éric Woerth – qui lui reprochera quelques semaines plus tard, ayant dû quitter le gouvernement, de « ne faire que de la com » en juillet 2010. Répondant à la question d'un député socialiste, dans un brouhaha effrayant, il s'empare du micro et se lance dans une tirade qui fait dérailler sa voix si souvent contrôlée : « Mais est-ce que vous rendez compte de ce que vous dites ? Est-ce que vous vous rendez compte du mal que vous faites à la démocratie que vous représentez ici ? ! Est-ce que vous vous rendez compte que vous êtes en train de tracer le sillon des extrêmes et de l'extrême droite ? Comment vous pouvez piétiner comme ça des éléments fondamentaux de liberté individuelle ? Comment vous pouvez jeter l'anathème sur les autres sans preuve en additionnant les tweets, les blogs des gens qui règlent leurs comptes, des opposants politiques qui ne partagent même pas vos valeurs ? [...] Alors je vous en conjure, mesdames et messieurs les députés socialistes, je vous le demande au nom d'une certaine idée que nous avons en partage de la démocratie, de la République, ne faites pas le jeu de l'extrême droite. » La tirade sortie avec ses tripes fait son petit effet. Les députés socialistes, affichant une mine outrée quittent l'hémicycle, une partie des députés de la majorité se lève pour applaudir et l'orateur suivant, l'UMP Alain Moyne-Bressand, boit du petit-lait et félicite sincèrement le ministre « au nom de l'UMP et au nom de la France ». Sur le banc du gouvernement Baroin biche. La politique, c'est aussi ça. Ces moments d'intense satisfaction narcissique qui font chaud au cœur. Ces moments où l'on ose encore envoyer à la tête de l'adversaire de grands mots. La démocratie, l'honneur, la République, le sens de l'État. Il aime bien cela François Baroin se draper dans de grands mots. Même si, parfois, il lui arrive de déraper. Comme ce jour de novembre 2011 où il en vient à accuser la gauche d'être arrivée au pouvoir « par effraction ». Une boulette ? Un faux pas ? Pas du tout. Quelques jours après, le ministre assume et assure même que sa sortie a été très bien perçue « sur le terrain »...

Vu de l'extérieur, le maire de Troyes a l'image d'un jeune homme contemporain, mais il est assez *old fashion*. Pas vraiment accro aux nouvelles technologies comme la plupart de ses contemporains toujours accrochés à leur téléphone, vivant dans une société de l'immédiateté. Bien sûr, le ministre a un téléphone portable. Mais il communique rarement par SMS. Préfère rappeler, parler de vive voix à ses amis, parfois quelques jours ou quelques mois plus tard, plutôt que d'envoyer des messages écrits convenus. De même, lorsqu'il accorde une interview ou déjeune avec des amis, il ne regarde pas son téléphone toutes les trois secondes. Drôle de contraste, François Baroin, joueur d'échecs, a un rapport au temps distancié, il n'est pas dans la dictature de l'urgence et, dans le même temps, il connaît et appréhende très bien les règles de la communication contemporaine qui ont évolué à la vitesse grand v depuis qu'il est entré en politique. Lui, qui, s'il n'avait pas percé dans ce domaine se serait bien vu en président de France Télévisions – tandis que son père quand il est mort était en train de finaliser une participation dans le capital de TF1 –, lui qui a été journaliste sait très bien qu'en politique aujourd'hui le véritable pouvoir, c'est encore et toujours celui de la parole. Comme son père, maître du bien faire savoir, il sait que la manière de dire est tout autant importante que ce que l'on dit. Alors, oui, il croit « dans le poids des mots, le poids de l'expression publique », il connaît l'importance de l'image que l'on renvoie. Et s'il se targue de mener seul sa petite entreprise, sans conseiller en image, il y attache un soin particulier mêlant méthodes empiriques, bon sens paysan et une vraie connaissance du monde des médias, côté pile et côté face. Entré en politique il y a près de vingt ans, François Baroin est frappé par l'aspect de plus en plus spectaculaire et violent du monde contemporain. « Le métier même de ministre a évolué en quinze ans. Lorsque je suis devenu porte-parole du gouvernement, en 1995, il n'y avait pas les médias en boucle, il n'y avait pas internet, les réseaux, les blogs, les télés, la course à l'échalote. La divulgation d'infos brutes même pas vérifiées. Maintenant, sur les chaînes d'information, des informations provenant de dépêches AFP passent en boucle. On part du principe qu'une dépêche AFP est sans faute. Or, quand on est au cœur d'un sujet politique, on peut, dans chaque dépêche, citer une approximation ou une erreur qu'il s'agisse d'une date ou d'un chiffre. C'est invraisemblable mais cela fait partie du jeu. C'est un peu du ball-trap. »

L'ancien journaliste a très bien su s'adapter à ce nouveau monde médiatique. À ses approximations et à ses coups de sang. Tout comme, sans avoir l'air d'y toucher, il a très bien su gérer son arrivée, depuis quelques années, dans les pages des magazines *people*.

3.

À L'OMBRE DU PÈRE… ET DE LA MÈRE

C'est écrasant un père. Quelle que soit sa notoriété d'ailleurs. On peut vivre dans son ombre protectrice. S'en accommoder avec parfois quelques ruades, quelques tentatives d'émancipation plus ou moins assumées. On peut aussi chercher à s'en défaire, à « tuer le père » pour faire de la psychanalyse de comptoir. Comme on tenterait de se débarrasser d'un sparadrap trop collant en voulant dépasser le modèle paternel, le surpasser sous prétexte de se mettre dans ses pas. François Baroin n'a pas eu le choix. Le père a été « tué » mais sa mort l'a rendu encore plus présent, omniprésent presque. « Inconsciemment, analyse l'un de ses amis, François s'est mis en tête de devoir accomplir ce que le père n'avait pu faire : il voulait devenir président de la République, il va tenter d'y parvenir. François mène une carrière qu'il ne désire pas. Par procuration. » Étiqueté « fils de » depuis sa plus tendre enfance, François Baroin ne s'en émeut pas. Il a appris à vivre avec. C'est un héritier assumé. Revendiqué. Et beaucoup des étapes de sa carrière politique doivent être lues à travers le filtre de l'héritage paternel. Sa mère assure qu'il ne vit pas, comme on le dit souvent dans l'ombre de son père, mais dans le respect de son père et de ce qu'il a été. Quand quelqu'un vient dire à François Baroin, ce qui arrive souvent « j'ai bien connu votre père, je l'aimais beaucoup », il ne s'en agace pas, répond poliment « cela me fait plaisir ». Pas vraiment dans la position du fils rebelle. Quant à sa filiation « adoptive », celle de Jacques Chirac, il serait mal placé de vouloir s'en défaire même s'il aimerait parfois que l'on reconnaisse qu'il a su faire fructifier son héritage. Et même si cela agace un peu sa mère : « Mais il a eu un père, François ! »

Sans renier cette double filiation, François Baroin n'évoque en tout cas aisément ni l'un, ni l'autre. Ni son « vrai » père, ni son père politique. Ou alors, en surface, avec des mots convenus. Comme s'il voulait toujours garder une parole distancée, presque journalistique. Peut-être pour ne pas risquer d'être submergé par l'émotion. Pour établir des digues bien solides. Étanches. Pas touche ! Domaine privé. Peut-être, aussi, parce qu'il ne trouve pas les mots. A du mal à dire l'essentiel. Quand il parle de son père, François

Baroin peut ainsi évoquer aisément l'étudiant qu'il fut, toujours premier de la classe, modèle exemplaire de l'enfant méritant de la République qui a gravi un à un tous les échelons de la société. Il peut égrener des éléments factuels, biographiques, qui jalonnent la carrière de son père. Il peut révéler la figure du président de la GMF, cette compagnie d'assurances qui se targuait de promouvoir une nouvelle économie sociale, le président de la FNAC, le maire de Nogent-sur-Seine ou le Grand Maître du Grand Orient de France. Mais pour aborder plus intimement l'image de ce père, son influence, les liens intimes qu'il avait noués avec lui, François Baroin doit se faire violence. Il faut le pousser dans ses retranchements pour obtenir autre chose que le petit bréviaire pré-formaté qu'il répète à l'envi quand il y est contraint.

Un jour de juin 2011, pourtant, il en livre un peu plus. Quand je lui fais remarquer combien il est tout en retenue, pêle-mêle, comme un torrent soudain libéré il évoque « l'admiration folle » qu'il avait pour ce père « exigeant et très sévère », ce père « sans concessions » qui pouvait lui donner une paire de claques s'il revenait avec de mauvaises notes. Ce père qu'il trouvait « extraordinaire », et dont le charisme exceptionnel était loué par tous ceux qui l'on approché. « Je ne parlerai pas de charisme, je ne savais pas ce que c'était. Mais j'adorais ses yeux, son sourire, sa coupe de cheveux en brosse. J'adorais sa voix, son rire, ses dents du bonheur. J'étais impressionné par sa force de travail, par sa capacité d'entraînement. » Sur sa lancée, enfin un peu débridé, il évoque aussi, ces heures passées à la chasse « sans aucune contrainte, ces heures dans la nature entre un père et un fils qui partageaient une passion folle » et ces petits moments volés, « dix minutes par-ci, dix minutes par-là » dans l'agenda surchargé de ce papa qui sortait de l'ordinaire. De ce père solaire qui fascinait tout autant les copains du jeune François, comme hypnotisés par le bonhomme.

L'échappée belle est terminée. François Baroin reprend le contrôle. Se réfugie dans cette langue de bois si confortable et protectrice, ces formules toutes faites qui permettent de rester bien à l'abri… Il n'aime pas « tout déballer comme ça », comme chantait Gainsbourg. La porte à peine entrouverte, Baroin remet le loquet. Déjà tout ébaubi d'en avoir « tant » dit. Peut-être agacé, aussi, parfois de ne pas pouvoir échapper à la séance introspection. On dirait Jacques Chirac qui a toujours eu le plus grand mal à parler de lui ou de la maladie de sa fille Laurence. En fait, François Baroin ne supporte pas cette époque qui incite les uns et les autres à étaler leurs petits secrets sur la Toile et les réseaux sociaux. Lui tente de résister. À la dictature de l'instant. À la dictature de l'intimité dévoilée. Il freine des quatre fers quand je lui demande de rencontrer sa mère.

Un personnage pourtant. Au moins aussi important et écrasant que celui de son père. « Une femme autoritaire, avec un sacré caractère. Un peu castratrice même, qui l'engueule comme un petit garçon », témoigne l'un de ses amis. Une femme qui, surtout après la mort de son mari, a eu une véritable influence concernant certaines orientations de son fils. Avec qui il a été dans une relation de dépendance presque pathologique pendant longtemps assure un ami. Jean-Pierre Elkabbach se souvient ainsi, amusé, que lorsqu'il a engagé le jeune homme à Europe 1, il n'a pas seulement dû convaincre le principal intéressé mais aussi sa mère, carrément réticente. Après un premier entretien, François Baroin téléphone à Elkabbach : « Ma mère ne veut pas que je devienne journaliste, elle trouve que c'est un métier qui ne mène à rien. » Pas découragé, le journaliste vedette d'Europe 1 reçoit alors la mère et le fils pour tenter de montrer que « le journalisme n'est pas un job pourri ». La discussion est serrée. « Laissez-le-moi un an, après on verra », tente Elkabbach. La mère résiste. « C'est trop long. Quatre mois si vous voulez. » Comme des marchands de bestiaux, ils arrivent à se mettre d'accord pour un stage de six mois pour « le petit ». François Baroin restera en fait presque cinq ans à la station de la rue François-Ier.

« C'est vrai, s'il y en a un qui écrasait l'autre ce n'est pas celui que l'on croit ! s'amuse Baroin.

C'est un volcan ma mère. C'est une force de caractère incroyable, sans concession. À mi-chemin entre la mère juive et la mama martiniquaise. Une femme d'un courage incroyable. Qui s'est battue pour vivre, survivre. » Pour lui sûrement. Pour voir ce fils, ultime représentant de la famille « d'avant », grandir. Réussir. Avec un modèle en filigrane, celui du père, Michel Baroin. De ce père magnifié et encensé. Un enfant de la méritocratie républicaine. Qui s'est fait tout seul. A réussi à grimper l'escalier social. Un pur produit de l'école laïque et républicaine, avec ses instituteurs en blouse grise qui enseignaient l'instruction civique et l'histoire de France à travers *Le Tour de France par deux enfants. A priori* rien ne le prédisposait à une telle ascension fulgurante.

Michel Baroin est en effet le premier enfant de deux fonctionnaires aux racines paysannes. Son père, Barthélémy Baroin – le grand-père de François – enfant du Morvan, né en 1901, monte à la capitale pour entrer dans la police comme agent. Il a comme seul bagage son certificat d'études obtenu en 1914 à l'âge de treize ans. Il sera d'abord gardien de la paix. Képi vissé sur la tête et bâton de bakélite blanc en main, il réglera la circulation dans le VIIe arrondissement de Paris des années durant avant de devenir secrétaire au commissariat de ce même arrondissement. La mère de Michel Baroin, Anne-Marie Couturier, originaire du Nivernais, est orpheline de la

Première Guerre mondiale. Son père a été tué au front alors qu'elle n'avait que sept ans. Dès l'âge de dix-sept ans, et alors qu'elle a obtenu son brevet de capacité pour l'enseignement primaire, elle travaille au guichet à la Poste de Pierrefitte. Un agent de police et une fonctionnaire de la Poste qui, tous deux élevés dans les principes de la IIIe République, portent au pinacle la seule valeur du travail bien fait, le sens du devoir et le respect de la parole donnée… une véritable image d'Épinal. C'est dans ce cadre que naît Michel, le père de François Baroin, le 29 novembre 1930. Il passe ses premières années d'enfance entre la capitale et le haut Morvan avant d'être inscrit à l'école communale de la rue Picpus, à Paris. Chaque année, cependant, le petit Michel se retrouve pour les vacances dans le Morvan. Il redevient alors un véritable petit paysan. Échange ses souliers contre des sabots. Et jusqu'à la fin de sa vie, le père de François Baroin fera toujours référence avec fierté à ses racines paysannes, comme une boussole, répétant ce dicton « on doit aller en marchant », manière de dire qu'il faut toujours mettre son pied devant pour vérifier que le sol est praticable. Et s'exprimant parfois encore en patois morvandiau. Lorsqu'il devient sous-préfet de Nogent-sur-Seine, en 1964, le père de François Baroin communique même sa nouvelle adresse à ses grand-oncle et grand-tante avec ce mot, rappelé dans son livre par Alain Baroin :

« Vlai nout aidresse. Faut pas la parde, pou nou aicrit. On vous biche bin. » (« Voilà notre adresse. Faut pas la perdre pour nous écrire. On vous embrasse bien. »)

Même devenu « parigot », Michel Baroin quand il revient au pays aide parfois à ramasser les pommes de terre, à garder les vaches ou à retourner le foin. Il aime cette vie austère réglée par la vie des champs et prend goût – une passion qu'il transmettra à son fils – à la pêche : pêche au brochet, à la carpe, à l'écrevisse. À Paris, il habite avec ses parents dans un premier temps dans un petit appartement sans salle de bains avec une minuscule cuisine. Cela ne l'empêche pas de faire des étincelles à l'école. Michel Baroin est un fort en thème. Il étonne, voire agace parfois certains de ses petits camarades par le ton péremptoire qu'il adopte. Il est adolescent quand éclate la guerre. Ses parents sont tous deux résistants. Tandis que la mère confectionne de fausses pièces d'identité, le père de Michel Baroin est l'un des premiers policiers à entrer dans la Résistance. Il sera d'ailleurs arrêté en 1944 puis consigné pendant plusieurs semaines avant d'être libéré. Il recevra la Croix de guerre 1939-1945 et la Médaille de la Résistance, et surtout gardera comme une sainte relique une dédicace du général de Gaulle sur le premier tome de ses *Mémoires de Guerre*. Le grand-père de François Baroin est en effet un gaulliste de gauche. Il fait partie de la

SFIO mais va manifester son soutien au Général lors de la grande manifestation des Champs-Élysées, le 30 mai 1968. Et, en 1977, lors de la première élection de la municipalité parisienne au suffrage universel, il ira féliciter « le petit cousin », Daniel Vaillant, dont la famille est originaire du même village, et qui vient d'être élu dans le XVIIIe arrondissement et deviendra des années plus tard ministre de l'Intérieur de Lionel Jospin.

Une fois son bac en poche, Michel Baroin décide d'intégrer Sciences Po et de faire du droit. Il souhaite devenir fonctionnaire. Pas seulement pour la sécurité de l'emploi mais aussi, expliquera-t-il plus tard, « par révérence envers l'État, garant de l'intérêt général ». Alors que son père, le grand-père de François, travaille toujours au commissariat du VIIe arrondissement et fait parfois sauter les procès-verbaux des professeurs et administrateurs de la vénérable institution de la rue Saint-Guillaume, Michel Baroin passe de la communale d'un village du Morvan à la glorieuse école qui forme les élites de la République. Il se retrouve au côté de fils de famille mais est contraint de travailler pour payer ses études. C'est à cette époque qu'il fait la connaissance de Michel Rocard et de Jacques Chirac. Une fois son diplôme en poche, et influencé par le modèle paternel, Michel Baroin choisit la police et sort premier de sa promotion de l'École des commissaires de police de Saint-Cyr-au-Mont-d'Or.

Normalement, comme le relate son frère dans son livre *Michel Baroin, mon frère*[1], il aurait dû opter pour un poste dans la capitale mais il décide de changer avec l'un de ses camarades de promotion, marié et père de famille, et qui est affecté au commissariat de Ténès, en Algérie. Il s'envole là-bas en 1956 en pleine guerre civile mais l'escapade ne dure pas longtemps. En novembre, ses parents doivent se rendre à Alger. Michel Baroin a été blessé par une balle qui a perforé le sommet de son poumon, non loin du cœur. Un attentat du FLN ? Non, assure Michel Baroin, un accident. En tout cas, le voici qui revient dans la capitale. Il y épouse en février 1957, à la mairie puis à l'église de Clamart, une belle jeune femme blonde aux yeux bleus qui semble alors un peu timide. Une apparence.

Michèle, la mère de François Baroin, est une forte femme. Quand elle pense quelque chose, elle le dit. Quand elle veut quelque chose, elle l'obtient. Elle semble considérer que la volonté peut tout vaincre. « On doit faire ce que l'on doit faire. On n'a pas à dire, on n'a pas le droit de dire je n'ai pas envie », martèle-t-elle avec énergie, toute droite dans son fauteuil. Pas du genre à se laisser aller, Mme Baroin mère. À se laisser détourner de sa route. « On doit être possesseur de soi-même, il ne faut pas se laisser entraîner. » Elle

1. Alain Baroin, *op. cit.*

dit ça mais, tout en gardant sa personnalité, elle a pourtant été entraînée, happée par son mari, et aurait pu elle aussi recueillir ce conseil que fit un jour Pompidou à Bernadette Chirac : « Il faut résister au bulldozer. » En fait, en y réfléchissant, elle aurait bien aimé travailler, Michèle Baroin. Être avocate ou médecin. Mais cela ne se faisait pas à l'époque. « Quand on était femme au foyer on pouvait se demander si on existait vraiment », lâche-t-elle, à regret. Mais la concernant, et étant donné son tempérament, le doute n'a pas dû effleurer grand-monde. Même si elle a été avant tout « la femme d'un homme », Michèle Baroin n'a pas vraiment le profil de l'épouse effacée en charge des bonnes œuvres. Elle est la véritable partenaire de son mari, prend en charge ses relations publiques, organise sans cesse des dîners pour les illustres et les moins illustres. Lorsque Michel Baroin devient maire de Nogent-sur-Seine, elle monte une troupe de théâtre amateur et n'est pas peu fière de réveiller le petit théâtre Napoléon III de la ville. Elle sera également conseiller général de 1987 à 1991, ce qui aidera son fils lorsqu'il décidera de s'implanter dans la région.

Comme son mari, Michèle est issue d'un milieu plutôt de gauche, mais plus aisé, plus bourgeois. Son père, qui avait fait la guerre de 1914-1918 comme pilote, était fonctionnaire au ministère de l'Air et avait été à l'origine du syndicat FO en créant, une première, un service social au sein du ministère. Il avait noué avec son petit-fils, François, des relations étroites, une complicité particulière et avait coutume de dire en observant le petit garçon « vous verrez, cet enfant vous étonnera ». François sera affecté par sa mort survenue quand il avait onze ans.

La mère de Michèle Baroin, une femme très douce, très gentille, très bonne cuisinière avait été la secrétaire de son mari avant de l'épouser. « C'était une femme superbe, se rappelle Michèle Baroin, qui est morte à quatre-vingt-quinze ans. » Et, autant le père de François Baroin a été élevé à la dure, autant sa mère a été élevée dans un environnement très libéral.

Après leur mariage, et alors que Michel est immobilisé par une convalescence forcée suite à son accident, les jeunes mariés se promettent d'écrire ensemble des romans policiers. Ils décrochent un contrat chez Gallimard pour livrer, comme le raconte Jean-Michel Blanquer, quelques polars à la Série noire, Michèle trouvant les intrigues et Michel les écrivant. Michèle et Michel qui écrivent de concert, sans faire de psychologie de bazar, cela fait évidemment penser à François et Michèle (Laroque) qui caresseraient aussi le projet d'écrire ensemble... De toute façon, les jeunes mariés doivent remettre pour un temps leurs ambitions littéraires. Michel Baroin est affecté à Lille comme commissaire d'arrondissement d'un quartier ouvrier avant d'être appelé à la DST à Paris. Son arrivée rue des Saussaies coïncide avec le début de la Ve République et l'arrivée de De Gaulle au pouvoir. Michel Baroin doit réaliser des synthèses concernant l'activité du FLN en métropole. C'est à cette même époque qu'il envoie, malgré les réticences de sa femme, sa lettre de candidature au Grand Orient de France. On est en 1959 et cette même année le jeune couple, retiré dans la Creuse, a entrepris d'écrire son roman commun qui s'appellera *Sur les roses*, signé sous le pseudonyme de Michel Hanoux, l'intrigue reposant, comme le relate Jean-Michel Blanquer dans le livre qu'il a écrit sur Michel Baroin [1], sur le subterfuge d'un homme « dont on découvre à la fin qu'il se présentait sous deux identités ».

Quelque temps plus tard, en 1962, alors que les accords d'Évian ont été signés deux mois plus tôt, Michel Baroin est affecté à la Direction centrale des renseignements généraux avec l'objectif de surveiller l'OAS (Organisation armée secrète) en territoire espagnol et d'éviter que les menaces d'attentats se concrétisent. Une période que François Baroin assure être « son grand fait d'armes ». C'est alors, quelques mois plus tard, que le premier enfant de Michel et Michèle Baroin, Véronique, la sœur aînée de François, voit le jour. Cela tombe bien. Michel Baroin veut

1. *Michel Baroin : les secrets d'une influence*, *op. cit.*

bouger. Il profite de nouvelles dispositions législatives qui prévoient qu'un nombre limité de postes de sous-préfets peuvent être pourvus au tour extérieur. C'est ainsi que la petite famille Baroin se retrouve dans l'Aube et s'installe à Nogent-sur-Seine, sous-préfecture de l'un des trois arrondissements de l'Aube. Pour autant, et comme le confirme son fils aujourd'hui, Michel Baroin est « resté flic dans l'âme. Cela a été la période la plus heureuse de sa vie. C'était une vocation ».

La préfecture ressemble à beaucoup d'autres. Une demeure bourgeoise de style second Empire avec un jardin. Dans ses nouvelles fonctions, Michel Baroin apprend à connaître l'ensemble des rouages de la vie publique. Il est cependant attendu au tournant. Sa nomination a été annoncée par un petit article dans *Le Canard enchaîné* qui résonne étrangement, lorsque l'on sait que son fils François Baroin s'est battu comme un beau diable pour être nommé au ministère des Finances, en juin 2011 : « Il a fallu que le Baroin en fasse beaucoup [1] pour avoir cette promotion », écrivait alors le journal satirique… En tout cas, c'est là, dans cette sous-préfecture, que Michel Baroin apprend le métier politique. Comme à son habitude, il mène l'expérience de manière méthodique et approfondie, sillonnant les quatre-vingt-neuf communes de son arrondissement,

1. Il s'agit du père.

inaugurant les foires diverses et variées où il fallait parfois manger de l'omelette aux tripes à 10 heures du matin. Michel Baroin a remarqué surtout que, selon toutes les études de sociologie électorale, l'Aube est comme un laboratoire français, un microcosme de la France. Chaque élection donne un résultat presque identique à l'échelle départementale et à l'échelle nationale, note-t-il dans son livre posthume *La Force de l'amour*[1]. En attendant, Baroin père tisse des réseaux qui serviront – mais cela il ne le sait pas – des années plus tard à son fils. Quant à sa femme, Michèle, elle se décarcasse pour aider son mari. Elle s'occupe de la famille et multiplie les dîners avec les personnalités de la région ou celles de passage. Ainsi lorsque la sous-préfecture rénovée est inaugurée par le ministre de l'Intérieur de l'époque, Pierre Perret, en tournée dans la région, se retrouve parmi les notables du coin. « J'ai toujours essayé de mélanger les gens à la maison. »

C'est là, dans cette sous-préfecture, que François Baroin, né à Paris en 1965, vit ses premières années. Sa mère se souvient aujourd'hui d'un petit garçon très costaud à sa naissance et évidemment adorable. « C'était un enfant charmant, très tendre et espiègle, très vivant et observateur. » Assez turbulent, aussi, pas le dernier à faire des bêtises. Il passe ses journées dans le jardin

1. Michel Baroin, *op. cit.*

de la sous-préfecture à jouer avec son petit camion rouge ou à observer les animaux et, un jour, ouvre ainsi la porte du poulailler offrant au chien de chasse de la maison ses proies sur un plateau. Un petit drame qui l'attristera au plus haut point. Sa mère, fière de son fils comme toutes les mères, le clame : son François était un petit garçon à part. Pas comme les autres. Ainsi, assure-t-elle, qu'il n'a « jamais parlé "bébé" ». Il n'a pas dit un mot jusqu'à vingt-sept mois puis, tout d'un coup, il s'est mis à parler parfaitement bien « en faisant des phrases ». Un drôle de petit garçon, qui, toujours selon sa mère, aurait pleuré pour la première fois vers trois-quatre ans et parce qu'il avait une angine, et « pouvait rester des heures seul dans le jardin à observer la nature ». Comme s'il se suffisait à lui-même. Solitaire heureux. Solitaire par choix. Un trait de caractère qu'il revendique toujours aujourd'hui : assurant être très bien avec ses amis mais se contentant aussi de sa propre compagnie.

Cette vie de rêve prend fin lorsque Michel Baroin, après quatre ans à Nogent-sur-Seine, devient secrétaire général de la préfecture de l'Aube. La petite famille doit déménager pour s'installer à Troyes. Changement d'ambiance. Le petit François, que sa mère avait choisi de garder à la maison, se retrouve pour la première fois à l'école. Cela ne se passe pas bien. Il ne s'intéresse pas aux cours et l'institutrice convoque les parents pour leur dire que leur fils doit passer directement au cours préparatoire : il se retrouve ainsi à cinq ans à l'école élémentaire sans avoir mis les pieds en classe auparavant. À la maison, la vie roule. François et sa grande sœur, Véronique, se chamaillent un peu parfois. Et ce, d'autant plus facilement que l'aînée a déjà une très forte personnalité, « à la fois très maternelle avec son frère et très vivante, très énergique ». En dehors de ces petites escarmouches, la vie s'écoule toute douce, paisible. Au rythme lent et rassurant de la province. Les Baroin font partie des notables de la région. Madame aide Monsieur à étendre sa toile dans la région. « La vie était très agréable, note aujourd'hui, un brin nostalgique, Michèle Baroin. On était jeune, tout était facile. La vie vous entraîne quand votre mari a une situation. Tout s'ouvrait à nous. » La famille reste deux ans seulement à Troyes. En 1971, on propose en effet à Michel Baroin de devenir chef de cabinet d'Achille Peretti, alors président de l'Assemblée nationale. Le père de François Baroin hésite à abandonner cette vie si paisible de province, ce métier qui le passionne et cette région à laquelle il s'est attaché pour une vie moins confortable mais plus attractive professionnellement, à Paris. Achille Peretti qu'il rencontre n'a pas beaucoup de mal à le convaincre.

La famille déménage donc dans un appartement dans le XVe arrondissement de Paris. Pour garder un pied dans la région, les Baroin achètent une maison de campagne dans l'Aube et y partent tous les week-ends. Malgré cela, la greffe prend mal. Ce déménagement dans la capitale, loin de la nature, est difficile à vivre pour le petit François. Il ne s'adapte pas du tout à l'école communale de la rue du Commerce. Ses parents décident donc de l'inscrire à Stanislas, dans le VIe arrondissement de Paris, tout près du Luxembourg. À l'époque, Stan, cette école privée catholique n'est ouverte qu'aux garçons. C'est là que François Baroin fait la connaissance de celui qui, aujourd'hui encore, est son ami, « son frère » : Jean-Michel Blanquer, ancien recteur de l'académie de Créteil et à présent directeur général de l'Enseignement scolaire au ministère de l'Éducation nationale. Les deux garçons deviennent amis en CM2 en classe de neige. Ils sont élèves de Mlle Bouygues, institutrice énergique, célibataire et apparemment toute dévouée à la réussite de ses élèves. François Baroin, aujourd'hui encore parfois sombre et mélancolique, est à l'époque un petit garçon espiègle et joyeux. Cheveux courts en brosse, en hiver la tête emmitouflée dans une cagoule en laine et les jambes nues dépassant d'un short, il est « très jovial et gai ». Un bon petit diable qui était tout le temps fourré dans le magasin de farces et attrapes près de l'école et adorait faire des niches aux adultes. Comme dans un film de Truffaut, les deux petits garçons prennent le bus le matin pour aller à l'école. Ils habitent désormais tous les deux dans le XVIIe et, depuis la plate-forme arrière de l'autobus 83, Jean-Michel encourage François, souvent en retard, à le rattraper en courant derrière le bus. Mais bien plus que tout, leur passion c'est de jouer au foot. Tout le temps. « À la campagne, chez les parents de François, dans l'Aube, il nous est arrivé de passer dix jours d'affilée, dans le jardin, à tirer des coups francs à la Platini. » Une passion toujours d'actualité. Lors de ces séjours dans la maison de campagne des Baroin, ou dans leur maison de vacances, dans la Creuse, les deux garçons allaient quelquefois chez le fermier du coin boire du lait « directement à la source ». Ils se bagarraient parfois dans le foin. Jean-Michel Blanquer qui est resté l'un des meilleurs amis de François Baroin, de ces amis organiques que l'on ne perd jamais, se souvient d'un enfant « très justicier, du genre redresseur de torts de la cour de récré, assez bagarreur ». C'est le temps de l'insouciance. En classe, c'est autre chose. Le petit François « qui n'était pas fort en thème mais pas mauvais » se fait souvent remonter les bretelles par son père qui ne badine pas avec la réussite scolaire. Il redouble son CM2. Cela ne suffit pas à altérer la bonne humeur du petit garçon qui est déjà à l'époque très impressionné par son père. Ce n'est d'ailleurs pas le seul. Michel Baroin est un personnage magnétique. Il séduit à tour de bras. Se pique de traiter de la même manière les puissants comme les sans-grade. Aime la vie, la bonne bouffe, les chants paillards. Et ne laisse jamais indifférent. Y compris les amis de François qui l'ont connu lorsqu'ils étaient enfant ou adolescent. Un mot revient toujours dans leur bouche pour qualifier le père de François Baroin : il avait une autorité naturelle, était charismatique, disent-ils tous en chœur. « On était très souvent avec ses parents qui étaient très ouverts. Faisant de grandes tables à Paris comme dans leur maison de campagne », se souvient Marin Devanssay. Jean-Michel Blanquer, le meilleur ami de François Baroin, a même écrit une biographie très complète sur Michel Baroin après sa mort et un autre de ses amis, Bertrand Guyard, a travaillé quelque temps à la GMF. Michel Baroin était un personnage qui sortait de l'ordinaire. « Il avait une jovialité, une joie de vivre et une truculence un peu comparable à celle de Jacques Chirac », se souvient Blanquer. Et dans sa vie professionnelle il semblait lui aussi avoir des méthodes de bulldozer. En tout cas, désormais, à Paris, à l'Assemblée nationale, Michel Baroin a décidé de mettre le turbo. En charge des relations avec les députés, les groupes parlementaires, la questure, la presse (avec une prédilection pour ce que va sortir *Le Canard enchaîné*) et l'ORTF, il assure en quelque sorte les relations publiques du président de l'Assemblée et s'occupe de collecter des informations pouvant l'intéresser. Et il se plonge avec délices dans les petites intrigues de ce lieu de pouvoir. Michel Baroin apprend aussi à se faire aimer. Avec une méthode infaillible : sourire, avoir le compliment facile et faire preuve de disponibilité, comme le relate Blanquer qui note dans sa biographie que l'un des livres favoris de Michel Baroin est *L'Homme de cour* de Baltasar Gracián : « Sérieux avec les sérieux et jovial avec les enjoués. C'est là le moyen de gagner tous les cœurs, la ressemblance étant le lieu de la bienveillance. »

La méthode est efficace. Dans ses nouvelles fonctions, Michel Baroin se tisse un réseau d'amitiés politiques sans frontières. Il connaît la plupart des députés, certains membres du gouvernement. En tout cas, habile, il parvient à conserver ses fonctions auprès du successeur d'Achille Peretti, Edgar Faure. Son rôle : là encore, mettre de l'huile dans les rouages, essayer d'arranger les affaires. « Je faisais les couloirs, je serrais les mains, je discutais avec tout le monde, on me racontait des petites histoires », résume-t-il dans son livre[1]. L'ancien policier qu'il est travaille aussi à constituer des dossiers sur les uns et les autres, il devient aussi vénérable chez les francs-maçons et se fait élire pour la première fois comme conseiller général du canton d'Estissac. Mais le grand tournant de sa carrière se situe en

1. *La Force de l'amour*, *op. cit.*

1974. Michel Baroin décide d'abandonner la préfectorale pour devenir président de la GMF (Garantie mutuelle des fonctionnaires). Devenu administrateur de la compagnie d'assurances en 1970 on lui a proposé d'en devenir président. Un choix difficile car Michel Baroin devait être nommé préfet de Corrèze. Jacques Chirac, alors ministre de l'Intérieur, lui avait proposé ce poste. Et quand Michel Baroin lui apprend sa décision, Chirac tente de le dissuader d'aller à la GMF : « Tu ne te rends pas compte, tu vas faire une carrière formidable ! » Déterminé, Baroin résiste et met en avant la difficulté de mener de front carrière préfectorale et éducation des enfants. Plus jeune administrateur de la GMF, il devient le plus jeune président de société d'assurances, preuve que chez les Baroin on est benjamin de père en fils.

En tout cas, clairement en devenant à quelques années d'intervalle président de la GMF puis Grand Maître, Michel Baroin change de dimension. Il avait pris la tête d'une mutuelle d'assurances automobile, il construit en quelques années un empire. Un empire constitué de 57 sociétés, représentant 28 milliards de francs d'actifs et 7 milliards de francs de chiffre d'affaires et qui s'est développé en menant un processus accéléré de diversification et d'expansion – en France et à l'étranger –, tout en appliquant les principes humanistes chers à son président, qui se voit en héraut de l'économie sociale. Parmi les acquisitions de la GMF, réalisées sous le règne de François Baroin, le rachat de la banque la BCCM, une participation de 5 pour cent dans Canal Plus et, surtout, le rachat de la FNAC en 1985, avec Sir Terence Conran, le président d'Habitat. Dans le même temps, Michel Baroin devient un patron médiatique : avec son profil atypique, sa tête de hussard noir, d'instituteur rad-soc de la IIIe République et son appétit insatiable appuyé sur des théories originales sur « l'économie amour », il intéresse la presse. Et, visiblement, il ne déteste pas être dans la lumière.

À mesure que s'accroît la puissance de la GMF, les fameux réseaux de Michel Baroin se démultiplient. « Tel le Ferragus de Balzac, il semble bénéficier d'appuis puissants et mystérieux qui lui épargnent toute résistance [...]. Il est peut-être le seul homme de France à compter autant d'amis de l'extrême droite à l'extrême gauche. Il répète à l'envi la maxime de Chamfort : "Chacun pris en son air est agréable en soi" », écrit Blanquer. Michel Baroin, le fils de gardien de la paix aux racines paysannes, est devenu non seulement un grand patron mais un véritable homme d'influences. Chez lui, en famille, ce changement de dimension se ressent. « J'avais épousé un jeune homme de vingt-cinq ans drôle, charmant et tolérant, je me suis pratiquement retrouvée avec un homme d'État », dit drôlement sa femme Michèle

Baroin. Malgré tout, Michel Baroin veille à garder des moments pour sa famille, pour ses enfants. Il tente de sauvegarder des petites plages horaires grappillées sur un emploi du temps surchargé. « Mon mari n'était pas là très souvent mais il était à la fois profondément présent. Il téléphonait dès qu'il avait un moment. Son bureau de la GMF était au quatrième et notre appartement au sixième. Il se débrouillait pour venir prendre un thé, un chocolat. Un jour j'ai calculé que cela faisait cinq ans que l'on n'avait pas pris de repas familial avec une soupe, une tranche de jambon. C'est sûr, ce n'était pas l'image du père qui lisait le journal en rentrant. » Qu'importe. La famille est emportée dans le tourbillon paternel. « On était tous en ascension comme le pays. On travaillait, on réussissait », analyse encore Michèle Baroin. Son mari, porté par son succès, se sent pousser des ailes. Il veut faire des choses pour son pays. S'imagine un avenir politique. Il n'est affilié à aucun parti, est tenté de mener « sa » politique avec des gens de bonne volonté. Interrogé sur ses ambitions, dans un reportage qui lui est consacré, il ne dit pas non. Un brin mégalo ? Certains assurent même qu'il caresse le projet de devenir président de la République. « Président de la République ? Et pourquoi pas ? Je garde l'image d'un avion qui s'envole et a été arrêté en pleine ascension », répond sa femme. Bertrand Guyard, ami de François Baroin, qui avait été engagé aux études stratégiques de la GMF par Michel Baroin « uniquement », dit-il en se marrant, « parce qu'il était bluffé que j'aie battu le vice-champion du monde d'échecs », s'occupe un temps par exemple des études sur les candidats américains à la présidentielle. Quant à François Baroin, il assure que son père avait « des ambitions politiques mais tout en étant très lucide. C'était avant tout un humaniste qui était convaincu que les notions de droite et de gauche étaient dépassées ». En fait, estime François Baroin, il aurait pu être « un parfait Premier ministre de cohabitation ».

Pendant ce temps, tandis que le père caresse les rêves les plus fous, les enfants continuent leurs études. François, même devenu parisien, a toujours un amour fou pour la nature et les animaux. Il veut devenir vétérinaire. Et lorsqu'il a douze ans, il passe même ses vacances de Pâques chez un véto. « Cela lui est vite passé », s'amuse sa mère qui pense que son fils aurait dû être orienté vers une section littéraire plutôt que scientifique. Mais son père souhaite qu'il fasse HEC. Il s'inscrit donc en prépa au lycée Claude-Bernard dans le XVIe arrondissement de Paris. À cette époque, les amis du frère et de la sœur commencent à se mélanger. François a des allures de minet des beaux quartiers. Mais il n'a rien de snob. Il n'a pas oublié d'où viennent ses parents. Il a une bande de copains qui sont comme tous les jeunes de leur âge. Parmi eux deux amis, qui avec Jean-Michel

Blanquer vont rester jusqu'à aujourd'hui encore des membres d'honneur du premier cercle : Bertrand Guyard et Marin Devanssay. La petite bande aime sortir, François, que ses amis appellent « Paco » ou « Fanfan », se mue parfois en DJ qui anime des soirées BCBG. Entre eux, ces jeunes gens sans gros problèmes apparents, vivant dans des milieux sécurisants, aiment parler de filles, de foot et fréquentent des rallyes, ces soirées pour gens bien nés. La politique n'a pas vraiment de place dans leur vie. Ce n'est pas le sujet du moment. François, Jean-Michel et les autres regardent des matchs de foot ou de rugby ensemble, se rendent aussi avec les Dufoix, aux ferias de Nîmes. Perrine Dufoix, la fille de l'ancienne ministre socialiste Georgina Dufoix, fait en effet partie de la petite bande. Elle se retrouvera des années plus tard au cabinet de François Baroin, à Bercy. Souvent, et aujourd'hui encore, les copains de François passent week-ends ou vacances chez les Baroin. Dans leur maison en Creuse, le berceau de la famille de la mère de François. « À l'époque, il n'était pas rare que l'on soit quarante à dîner autour d'un bœuf bourguignon », se souvient Blanquer et avec des invités de toutes conditions. Des réunions très bon enfant avec une ambiance conviviale, un peu années 1950, comme dans un film d'Audiard. La maison est une petite ferme très modeste. Et, avant que la mère n'achète par la suite une maison de maître, les copains de François campent sous la tente dans le jardin. Tout ce petit monde vit très bien ensemble. François, plus réservé, contemplatif et plutôt casanier – sa chambre était comme un cocon – et Véronique, au tempérament volcanique et extraverti, qui adore voyager. « L'une avait comme son père un tempérament qui emporte, l'autre a plus un tempérament qui charme », analyse un ami. Après la mort de la sœur et du père, la tradition est maintenue. Chaque année et bien avant que Nicolas Sarkozy conseille à ses ministres de rester en France, François Baroin passe ses vacances dans la Creuse avec ses enfants. Et tous ses amis du premier cercle, qui s'y sont encore retrouvés l'été de la crise 2011. Tous sont d'accord pour dire que là-bas François Baroin est vraiment lui-même. Dans son élément. D'autant plus heureux avec ses amis qu'il maîtrise mieux l'amitié que l'amour, analyse l'un de ses copains de toujours. Le temps s'écoule doucement entre les parties de pêche, de pétanque, les baignades et les bonnes bouffes. On parle de tout et de rien et pas si souvent que cela de politique. Les portables sont éteints. Comme le dit son ami Yves Marek, là-bas on a l'impression que François Baroin c'est Jean Gabin. Un vieux sage africain aux gestes lents. Il est bien chez lui, les pieds dans un petit étang en Creuse : c'est son Éden à lui. C'est là qu'il a passé de longs moments avec son père l'été avant sa mort. Avec ce père sans qui il n'aurait « probablement jamais fait de politique ».

Pour autant François Baroin réfute la thèse selon laquelle il mènerait par procuration la carrière que son père aurait rêvé de faire. « Pas seulement, nuance-t-il. Évidemment, ce serait mentir de dire que je ne pense pas à mon père. J'ai notamment voulu l'honorer en devenant ministre de l'Intérieur. C'était son rêve. Et quand je suis entré en politique je me suis fixé cet objectif. Je voulais mettre le nom de Baroin dans la galerie de portraits des ministres de l'Intérieur place Beauvau. Je l'ai fait et j'ai été le dernier ministre de l'Intérieur de Chirac comme Chirac avait été le dernier ministre de l'Intérieur de Pompidou. C'est la première fois, ajoute-t-il, où je me suis vraiment battu pour un poste. J'ai fait des pieds et des mains. Je l'ai voulu et je l'ai eu. » Une manière de boucler la boucle. Pour rendre hommage au père certes, mais aussi obtenir l'assentiment d'une mère qu'il a dû, quel que soit son tempérament, porter à bout de bras. Protéger. Et ne pas décevoir. Une mère au tempérament tout aussi écrasant que le père et avec qui il a formé un drôle de couple contre nature. Avant de pouvoir voler de ses propres ailes.

4.

FRÈRES

« Il a fait jouer ses réseaux francs-mac. » L'accusation revient régulièrement. Dite sur le ton de la confidence ou d'un air entendu. Cette fois, elle a d'abord été murmurée. Puis diffusée plus largement notamment par l'entourage de Bruno Le Maire afin de déstabiliser François Baroin en lice avec le ministre de l'Agriculture pour conquérir le ministère des Finances. Les réseaux, les racines francs-mac de François Baroin, cela fait partie du « package ». On y fait allusion en sourdine. L'air de rien. Quand l'occasion s'y prête. Comme une donnée objective de l'identité de François Baroin ou comme une arme secrète dont il disposerait et userait quand il le faut. Ainsi, c'est vrai et quelles que soient les dénégations énergiques de Bruno Le Maire – « j'ai coutume d'assumer mes propos », se défend-il –, l'argument a bien été utilisé par les amis du ministre de l'Agriculture lors de la lutte sans merci que se sont livrée les deux quadras pour décrocher le ministère des Finances. Comme toujours, dès que l'on aborde ce sujet en France, dès que l'on imagine que quelqu'un est franc-maçon, cela entraîne des messes basses, des sous-entendus, des mines de conspirateurs. François Baroin est pourtant très à l'aise sur le sujet. Aujourd'hui, dit-il sans ciller, il n'est pas franc-maçon mais il ne cherche pas du tout à minimiser l'importance qu'a eue la franc-maçonnerie dans son parcours et sa construction personnelle. Et surtout, tout en précisant qu'il n'a aucune réserve sur le fond de l'engagement maçonnique, il ne semble pas exclure un jour d'aller plus avant. Voire, pourquoi pas, d'être initié. S'il ne l'a pas fait auparavant, c'est, dit-il parce qu'« après la trace très forte laissée par son père », il fallait qu'il se « construise ». Et il regrette aujourd'hui de ne pas avoir posé certaines questions à son père sur le sujet. De ne pas avoir eu le temps. Ou de ne pas avoir posé les bonnes questions. « J'aurais bien aimé évoquer avec lui par exemple ce que l'on appelle la référence au Grand Architecte de l'Univers qui existe dans la Grande Loge mais pas au Grand Orient de France, qui est une obédience franc-maçonne très laïque. »

Aujourd'hui, à l'aube de la cinquantaine, il est donc tout à fait envisageable que François Baroin cherche un jour à être initié à la franc-maçonnerie.

« Je ne peux imaginer une seconde de le faire à moitié, c'est une question de respect vis-à-vis de mon père. Et jusqu'à maintenant, je n'ai jamais eu le temps nécessaire de poursuivre un chemin. » Cette évolution et cette manière tout à fait détendue d'aborder ce sujet sont assez récentes. En effet, il y a peu, François Baroin semblait légèrement gêné aux entournures lorsque l'on abordait cette question. Mais, là, depuis quelques années, quelque chose semble s'être débloqué. Ce que confirme l'un de ses amis qui a l'impression « qu'en vieillissant, le maire de Troyes a de plus en plus d'amis francs-maçons et manifeste désormais, après avoir longtemps exprimé une certaine défiance, une sorte de bienveillante sympathie » à l'égard des « frères ». En tout cas, François Baroin ne cherche pas à fuir les questions sur le sujet. « Oui, reconnaît-il, j'ai grandi matin, midi et soir dans l'esprit maçonnique. Et je suis imbibé, perfusé par les valeurs humanistes de la franc-maçonnerie et habité par les réflexions philosophiques qui en découlent. » Néanmoins, le petit François, dont les parents se sont mariés à l'église, a été, tout comme sa sœur, baptisé et a accompli sa profession de foi à Notre-Dame juste après avoir intégré une école religieuse, le collège Stanislas. Il a suivi les cours de catéchisme et a assisté avec ferveur à la messe. « Je n'étais pas insensible, se souvient-il, à cette ambiance, ce mysticisme qui se dégage dans les églises, la beauté des lieux, l'encens. » À l'époque, son père, déjà engagé en franc-maçonnerie, le met tout à fait à l'aise : « Moi, lui dit-il, je ne crois pas, je suis agnostique, mais je veux que tu puisses faire ton choix librement. » « Une tolérance à toute épreuve » que confirme la mère de François Baroin qui semble étonnée que l'on puisse s'étonner du choix d'une école catholique pour son fils. « Mon mari voulait ce qu'il y avait de meilleur pour ses enfants », dit-elle avec une pointe d'orgueil. Le petit François vit donc très paisiblement ce double héritage. D'une mère « pas pratiquante et très croyante » et d'un père « au minimum dans le grand doute et surtout très attaché à la stricte application de la séparation de l'Église et de l'État ». Il a des souvenirs mêlés d'une pratique de la religion catholique assez traditionnelle alliée à la transmission de valeurs francs-maçonnes. « Tout gosse, se rappelle-t-il, j'ai accompagné mon père dans des fêtes de famille où il n'y avait pratiquement que des francs-maçons ! » Les cousins, son oncle, Alain, qui a raconté dans son livre[1] consacré à Michel Baroin comment il a suivi son frère, initié en 1960 dans la loge « Les amis de l'humanité », puis devenu Grand Maître du Grand Orient de France en 1977. Le petit François se souvient aussi d'avoir accompagné son père une ou deux fois,

1. *Michel Baroin, mon frère*, *op. cit.*

rue Cadet, dans le IXe arrondissement de Paris, au siège du Grand Orient de France, pour une signature de livres. Il a parfaitement en mémoire les références de cet univers particulier. Et se souvient d'être entré dans un temple très jeune et avoir été intrigué par ces symboles qui paraissaient si mystérieux au petit garçon qu'il était même si son père lui en avait expliqué la signification. « L'œil de la raison, le faisceau de lumière, les colonnes, les repères. » Il le sait bien, l'ascension de son père Michel Baroin a été étroitement liée, que ce soit dans la police et surtout à la GMF, avec ses engagements dans la franc-maçonnerie. « Il y a un lien entre la franc-maçonnerie et l'économie sociale même si tous les gens de l'économie sociale ne sont pas des francs-maçons », reconnaissait lui-même Michel Baroin dans son livre posthume, *La Force de l'amour*[1]. Et de définir la franc-maçonnerie « avant tout comme une manière de penser, de sentir, de vivre et d'agir. Elle conçoit de manière originale la place de l'homme dans l'univers et son devenir. Pour nous, le progrès matériel et social de l'humanité passe par le perfectionnement intellectuel et moral de l'homme. L'idéal serait que la société soit composée d'êtres responsables, ayant un devoir de solidarité à l'égard de la société ». Michel Baroin insiste encore dans son livre sur la notion,

1. *Op. cit.*

également mise en avant par sa femme, de respect. « Le respect des autres et de soi-même, le respect de la liberté de conscience. Chacun est libre de croire ou de ne pas croire. La vérité absolue n'existe pas. » À dire vrai, au-delà de la franc-maçonnerie, le père de François Baroin est intéressé par toutes les questions métaphysiques, toutes les spiritualités africaine ou bouddhiste. Il recherche une forme de syncrétisme.

À la maison, en revanche, les « frères » ne sont pas franchement les bienvenus. La femme de Michel Baroin ainsi que leur fille Véronique – qui reproche aux francs-maçons d'accaparer son père – font barrage. Visiblement, la mère de François Baroin n'aime pas évoquer cette facette de son mari. Elle en a gros sur le cœur et s'emporte quand on lui demande quelle était la place de la franc-maçonnerie dans leur vie : « La franc-maçonnerie présente dans notre vie ? Elle n'était pas présente du tout ! J'étais contre et ma fille aussi. » Et d'enchaîner, « pas un franc-maçon, pas un seul Grand Maître ne s'est manifesté auprès de moi après la mort de mon mari. Aucun ne s'est inquiété de ce que je pouvais devenir ». Michèle Baroin a mal vécu l'engagement de son mari au Grand Orient, alors qu'ils étaient jeunes mariés. Elle a trouvé que la franc-maçonnerie, terriblement chronophage, lui avait volé son époux. Et ne serait pas loin de penser d'ailleurs que la mort de son mari serait liée à la franc-maçonnerie car l'objet du dernier voyage de Michel Baroin en Afrique aurait été d'initier le président congolais Sassou N'Guesso à la franc-maçonnerie. Dans ce contexte, Michèle Baroin aurait ainsi mis tout son poids dans la balance pour empêcher son fils François de suivre son père sur ce chemin-là, après sa mort.

François Baroin reconnaît sans difficulté que sa mère a beaucoup de ressentiment envers la franc-maçonnerie. « Elle considère, explique-t-il, que la maçonnerie lui a pris mon père et oui, que d'une certaine façon, en raison de ses nombreux voyages en Afrique liés à la franc-maçonnerie, elle pense que la maçonnerie l'a tué, l'a happé. »

Clairement, aujourd'hui, François Baroin respecte infiniment la démarche philosophique liée à la franc-maçonnerie, ce souci de se demander toujours « pourquoi, comment » et il sait gré à son père de lui avoir laissé le choix de croire. Ou pas. François Baroin ne s'en cache pas. Il ne croit pas ou plus en Dieu. La mort accidentelle de sa sœur puis de son père a entraîné chez lui une forme de rejet assez radical de la religion, exacerbé par les débats qui ont jailli au moment des funérailles de son père. Le jeune homme qu'il était a été profondément heurté par une hiérarchie catholique tatillonne qui a refusé, dans un premier temps, que son père reçoive les sacrements de l'Église. « J'ai dû croire, mais c'est passé comme le père Noël. En fait, je crois en l'homme et en l'amour qui transcende tout », dit-il paraphrasant presque les paroles de son père dans son livre *La Force de l'amour*[1]. « Je suis très respectueux envers les croyants, envers tous les croyants mais ce que j'ai vécu a conforté mon doute initial. Un mur d'incompréhension s'est dressé après la mort de ma sœur. Pourquoi, comment peut-on accepter de voir une petite fleur se faire faucher au printemps ? Rien et certainement pas Dieu n'aurait pu m'apaiser dans une telle douleur. »

François Baroin n'est donc pas aujourd'hui – pas encore ? – franc-maçon. À la limite, qu'importe. En réalité, la personnalité de son père et le poids qu'il a eu dans cette confrérie font qu'on le suspecte toujours de bénéficier ou d'être influencé par les réseaux francs-maçons de son père ou les valeurs de la franc-maçonnerie. Ce fut le cas lors de sa « bataille de Bercy » pour emporter le ministère des Finances. Mais ce fut aussi le cas, déjà, il y a des années lorsque François Baroin batailla comme un beau diable pour rédiger, en juin 2003, et alors qu'il était vice-président de l'Assemblée nationale, un rapport sur la laïcité qui précéda la mise en place de la commission Stasi « sur l'application du principe de laïcité dans la République ». Comme se le rappelle Baroin « alors que l'on sentait monter les problèmes sur le terrain, la laïcité était à l'époque une notion

1. Michel Baroin, *op. cit.*

complètement poussiéreuse, lointaine qui ne disait pas grand-chose aux nouvelles générations alors que pour moi cela faisait quasiment partie de mon quotidien. C'est quelque chose que j'ai en moi. C'est un élément d'ADN. Le respect des autres, des croyances, du scepticisme, ces valeurs m'ont été inculquées par mes parents et spécialement par mon père qui avant sa mort, dans le cadre de ses fonctions à la Mission du bicentenaire de la Révolution française avait rencontré les représentants de tous les grands courants de pensée et de toutes les religions ». François Baroin s'empare de ce sujet parce qu'il le touche au plus profond, et concerne ces valeurs, cette éthique humaniste et laïque que lui a transmise son père qui a eu aussi dès les années 1980 des propos assez visionnaires concernant un éventuel choc des civilisations. Dans un premier temps, Jacques Chirac, alors à l'Élysée, n'est pas franchement emballé. Mais il se laisse convaincre par son petit protégé qui est rapidement attaqué sur le mode « c'est une offensive des francs-mac » et reçoit des menaces d'islamistes. Il faut dire que, dans ce rapport intitulé « Pour une nouvelle laïcité », le député-maire de Troyes s'inquiète de constater que « les enjeux liés à la laïcité se soient déplacés de la sphère religieuse vers la sphère culturelle et identitaire » et note que « la laïcité est questionnée et contestée [...] en particulier dans le monde musulman » et « par certaines populations immigrées, qui, issues d'une culture non laïque et non démocratique, ne perçoivent pas le sens de ce principe ». Pour lui, écrit-il en 2003, bien avant que Marine Le Pen ne s'empare de ce thème, pas de doute : la laïcité est devenue à nouveau « un enjeu politique » et est une « notion fondatrice de l'identité française », écrit celui qui, des années plus tard, critiquera vigoureusement le débat sur l'identité nationale. Dans ce rapport prémonitoire, Baroin propose, parmi d'autres mesures, la création d'un code de la laïcité, l'expérimentation d'un enseignement spécifique du fait religieux et l'interdiction du port du voile à l'école. Le rapport fait son petit effet puisqu'il entraînera la mise en place de la commission Stasi qui préconisera aussi l'interdiction du port du voile à l'école. Ainsi, lorsque quelques années plus tard, Nicolas Sarkozy, devenu président de la République, prononce son fameux discours du Latran, le 20 décembre 2007, au Vatican, le sang de François Baroin ne fait qu'un tour. Lui, le fils de Michel Baroin, lui qui a toujours porté au pinacle la laïcité, comme ciment d'une République apaisée et pacifiée après des années de guerre civile religieuse, d'affrontement entre une France cléricale et une France révolutionnaire, est outré. Il considère que le chef de l'État, censé être le garant de nos institutions, doit avant tout chercher à rassembler et non pas à diviser en réveillant de vieilles querelles. Il n'est pas choqué que Nicolas Sarkozy puisse se réclamer croyant et pratiquant ou fasse référence aux racines chrétiennes de la France, mais cette manière de remettre le fait religieux au cœur de la vie de la cité le heurte au plus profond. Et plus particulièrement son appel à une « laïcité positive » et cette phrase qui fera du bruit : « Dans la transmission des valeurs et dans l'apprentissage de la différence entre le bien et le mal, l'instituteur ne pourra jamais remplacer le curé ou le pasteur, même s'il est important qu'il s'en approche, parce qu'il lui manquera toujours la radicalité du sacrifice de sa vie et le charisme d'un engagement porté par l'espérance. » À l'époque, François Baroin, d'ordinaire si mesuré, explose de colère devant l'un de ses amis. Il fulmine : « Sarkozy et moi on n'a pas les mêmes valeurs. Ce mec n'aime pas son pays, il n'aime pas la France ! Il ne sait pas ce qu'est la République, ce que sont ses valeurs ! » Publiquement, Baroin se contrôle comme d'habitude. Mais l'ancien ministre de l'Intérieur, et à ce titre responsable des cultes, dit ce qu'il pense. Sans ambiguïté. Après la visite du pape Benoît XVI à l'Élysée, en septembre 2008, il précise ainsi, dans une interview au *Journal du Dimanche*, que la « laïcité est une valeur absolue » et donc n'est « ni positive, ni négative ». Et en décembre 2009, dans une interview au *Nouvel Observateur*, il enfonce le clou : « Tout ce qui provoque des débats, souvent contre la laïcité – en expliquant par exemple qu'un instituteur est moins important dans nos quartiers qu'un prêtre, ou en demandant une réflexion sur la discrimination positive qui, fort heureusement, n'a pas abouti grâce aux conclusions de Simone Veil – tout cela s'éloigne de cette continuité historique, je serai tenté de dire cette maturité française dont nous avons pourtant bien besoin aujourd'hui. »

Cependant, étonnamment, lorsque des années plus tard, et désormais devenu ministre du Budget et porte-parole de Nicolas Sarkozy, l'UMP lance un débat sur la laïcité, François Baroin met du temps à faire entendre sa voix. Il est pourtant convaincu dans un premier temps de son bien-fondé. Indiquant en privé, en mars 2011, qu'il devrait permettre aux représentants du culte musulman en France, « d'accepter officiellement de reconnaître que l'Islam doit s'adapter à l'histoire de notre pays » et permettre grâce à une résolution parlementaire « l'acceptation d'un Islam protégé qui s'inscrit dans les lois de la République ». Mais face aux dérapages répétés qu'engendre ce débat qui se mue en débat sur l'Islam, le ministre change de position. Au nom des valeurs républicaines. « Je crois qu'il faut certainement mettre un terme à tous ces débats [...] je crois qu'il faut s'écarter de tout ce qui peut, de près ou de loin, donner l'impression de stigmatiser », dit-il ainsi sur France-Info, le 28 mars 2011. Sa déclaration, pourtant mesurée, ne passe pas inaperçue. Dans la foulée de sa petite phrase, le député Étienne Pinte, un proche de François Fillon, explique que le Premier ministre est « très mal à l'aise » sur le débat sur la laïcité et Martine Aubry salue les propos du chiraquien qui ose dire ce qu'il pense. À l'UMP, on s'étonne d'autant plus de la déclaration du ministre qu'il devait animer ce débat sur l'Islam et la laïcité, programmé le 5 avril 2011, au côté de Jean-François Copé. On annonce donc dans les couloirs du parti présidentiel que Baroin va rectifier ses propos. Bref manger son chapeau. Eh non ! Perdu. Baroin campe sur ses positions. Cela dit, prudent toujours prudent, Baroin ne veut pas apparaître « en guerre » avec Jean-François Copé et avec l'Élysée. N'imaginant pas un instant que cela puisse brouiller son message, ou apparaître comme une manière de ménager la chèvre et le chou, il indique qu'il assistera donc à la convention sur la laïcité du 5 avril et qui sera un point final « de ce qui n'est pas un débat mais l'affirmation d'une position de l'UMP ».

Lors de son passage au ministère des DOM-TOM et à l'Intérieur, deux ministères réputés pour être liés aux milieux francs-maçons, certains à nouveau prirent des mines entendues pour souligner les passerelles supposées entre le fils du Grand Maître et les francs-maçons. Comme si cela se transmettait comme une charge héréditaire. Ce qui à dire vrai n'est pas totalement faux. D'une certaine façon, François Baroin n'a pas besoin d'être franc-maçon pour l'être. « Le fait d'être le fils de Michel Baroin le dispense d'être franc-maçon », résume l'avocat Francis Szpiner, membre du Grand Orient de France qui a connu Michel Baroin avant que son fils ne devienne avocat dans son cabinet des années plus tard.

Pour l'instant, François Baroin n'a pas suivi les traces de son père dans la franc-maçonnerie. Cependant, il n'a visiblement pas étanché sa soif de savoir sur la question. Ainsi, et comme il le confirme, dans une interview accordée à la chaîne de télévision catholique KTO, le 18 mars 2010, quelques jours avant qu'il n'entre au gouvernement : « Je ne suis pas franc-maçon mais je ne peux pas dire que ce soit définitif [...]. Je ne suis pas fini. »

5.

UN « PEOPLE » MALGRÉ LUI

Elle rigole. Elle se bidonne. Au bout du fil la voix perlée de Michèle Laroque. La compagne de François Baroin. Celle qui partage sa vie depuis plus de trois ans. Celle qui, selon tous les amis du ministre, le « rend, heureux, enfin ». Le « enfin » a son importance. « Enfin », manière de dire que « Fanfan » n'a pas toujours été heureux, ces dernières années. Michèle Laroque est donc celle avec qui selon, l'autre Michèle, Michèle Baroin, sa mère, « François est heureux et a trouvé un équilibre dans sa vie familiale et sa vie d'homme ». Au téléphone, elle s'amuse Michèle Laroque. Elle a accepté de me rappeler mais pour me dire qu'elle ne parlerait pas de son amoureux. « Pas un mot, dit-elle joyeuse. Je ne veux pas et je ne peux pas, même physiquement. » Tout juste admettra-t-elle qu'il est « complexe, mais tout le monde l'est, non ? », que « c'est quelqu'un qui a beaucoup d'intuition », « un mec bien » dont personne ne détient vraiment toutes les clés. Fin de la conversation et dernier éclat de rire. Pas besoin d'en dire plus. Michèle est la face solaire de François le mélancolique. Celle à côté de qui l'éternel jeune homme sombre semble enfin rire aux éclats comme sur cette photo du couple prise par les journaux people sur les gradins de Roland-Garros à une époque où François Baroin était encore en quarantaine en sarkozie. Elle est celle qui serait la cause, en partie en tout cas – « les lunettes c'était Marie Drucker », note un proche –, de la métamorphose de François Baroin. Passé en quelques années de l'apparence d'un vieil enfant triste, d'un ado attardé et mélancolique, à celle d'un quadra bien dans ses pompes. Qui, arrivé à l'âge adulte, commence enfin à rajeunir. À se décoincer. Un peu. Comment ces deux-là, apparemment si différents, se sont-ils connus ? Par l'intermédiaire d'une bonne fée nommée Claude Chirac. Une bonne fée qui a grandi en politique au côté de François Baroin et pour qui Michèle Laroque est comme une sœur. Ces trois-là sont des membres d'honneur de la chiraquie de cœur. Claude comme Michèle sont des enfants de la génération Mitterrand pétris de bons sentiments, veine SOS Racisme, Restos du Cœur et galas contre le sida. C'est donc la fille cadette de Jacques Chirac qui présente son amie à François

Baroin, lors de l'anniversaire de Line Renaud – une autre proche de l'ancien président de la République –, au Pré Catelan, en juillet 2008. Ils se retrouvent l'un à côté de l'autre, à table. Puis, comme le raconte *Gala* dans un article titré « Michèle Laroque : son cœur vote pour François Baroin », tandis que Michèle lit en anglais un message envoyé par Liz Taylor, « François s'improvise aussitôt en traducteur, pour attirer l'attention de la belle ».

Claude voit l'évidence sauter à ses yeux. Ces deux-là sont faits l'un pour l'autre : « Ce sont deux êtres très profonds, de très grande valeur, qui réfléchissent et sont capables de beaucoup travailler sur eux-mêmes », analyse-t-elle. Deux êtres qui ont plus de ressemblances qu'il n'y paraît. Deux Parisiens aux origines provinciales, l'un ayant passé sa petite enfance dans l'Aube et l'autre sa jeunesse à Nice. François Baroin a connu les drames que l'on sait. Michèle Laroque, à vingt ans aussi, a vu le cours de sa vie brutalement dévié. Suite à un grave accident de voiture elle s'est retrouvée immobilisée pendant deux ans sur un lit d'hôpital et cessera, à partir de ce moment, de mener une vie pour complaire à sa mère, une danseuse qui a fui la Roumanie de Ceausescu, et décidera de choisir la voie qu'elle veut. Comme François Baroin, et même si elle ne veut pas se mêler de politique, elle revendique une fibre sociale et n'omet pas de rappeler que son oncle,

Pierre Laroque, est le fondateur de la Sécurité sociale.

La comédienne a l'habitude maintenant, qu'à chaque interview, elle doive répondre à une ou plusieurs questions sur son compagnon. En novembre 2010, sur le plateau de l'émission d'Alessandra Sublet, « C à vous », venue présenter son nouveau spectacle *Mon brillantissime divorce*, elle se voit contrainte de commenter une photo de son ministre qu'on lui colle sous le nez et réitère son souhait qu'on n'empiète pas sur sa vie privée. « Il y a assez de gens qui veulent parler de la leur pour qu'on respecte la mienne. » Bien que proche de Claude Chirac, elle reconnaît être surprise, et même « déstabilisée » par la violence du milieu politique. Elle fait notamment allusion à cet article du *Canard enchaîné* à propos de son rapatriement fiscal en France, qui aurait eu lieu dans la foulée de la nomination de son compagnon comme ministre du Budget. Elle assure juste qu'elle n'avait pas choisi de s'installer aux États-Unis pour des raisons fiscales mais plutôt pour des « raisons qui intéressent plus *Voici*, des raisons très personnelles ». En juin 2011, au moment de la sortie du film de Kad Merad *Monsieur papa*, elle explique cette fois dans *Version Fémina*, le supplément féminin du *Journal du Dimanche*, que lui et elle ont décidé de « ne pas partager leur vie privée ». « Nous avons des parcours, des talents, des sincérités assez fortes pour ne pas avoir besoin de nous servir de notre couple pour exister. Dans ce domaine, on m'a appris la réserve et la pudeur. » Cela tombe bien : ce sont des valeurs partagées par François Baroin, édictées par l'un et l'autre, notamment après la publication en une du *Paris Match* du 1er avril 2010 de la photo des deux avec ce titre « le nouveau couple glamour de la politique ». L'article intérieur de six pages souligne que François est « séduisant », « a quelque chose de Hugh Grant », « Michèle est belle, libre comme le vent », et raconte que les deux tourtereaux « se promènent, à Troyes, main dans la main, mangeant une glace ou une andouillette ». Une parution – qui va de pair avec un article dans *Gala* sur Michèle Laroque « La First Lady de Bercy » – qui tombe mal, quelques jours après la nomination de François Baroin au Budget et alors qu'après un début de quinquennat très people et bling-bling, le chef de l'État a décidé et imposé aux membres du gouvernement plus de discrétion. Ni une ni deux, François Baroin qui avait déjà, quelques années auparavant, attaqué le magazine *Bon week* qui, en décembre 2006, avait publié des photos de lui avec la journaliste Marie Drucker, décide à nouveau de poursuivre en justice l'hebdomadaire. Il refuse farouchement de s'exprimer sur son idylle avec la journaliste de France 2 – « cela ne regarde que moi, c'est la vie privée » – et répugne à reconnaître que sa notoriété a fait un bond grâce à cette histoire d'amour contée sur papier glacé. « Je fuis cette notoriété. C'est une question de principe. Je n'ai jamais mis le doigt dans l'engrenage de l'exposition de ma vie privée, tout ce qui a été développé sur ma vie privée a été plus ou moins volé. » Tout est dans « le plus ou moins ». Là, la photo en question est celle réalisée par le photographe d'un critérium cycliste. Michèle Laroque et François Baroin veillent en effet à ne pas se montrer dans les endroits où ils pourraient être photographiés ensemble mais ils n'entendent pas non plus vivre cachés. En tout cas, le ministre se rétracte presque physiquement quand on aborde le sujet. Il consent à évoquer du bout des lèvres la « paix qu'il a trouvée » au côté de l'actrice, « l'aspect ludique », son grand mot ludique, de leur histoire, « le choix qu'ils ont fait de ne pas faire de mondanités, de ne pas aller dans les dîners en ville, ni de s'afficher », mais guère plus. À ses amis il dit souvent « je m'amuse avec Michèle ». Elle lui donne cette insoutenable légèreté de l'être qu'il a tant de mal à assumer.

Heureux, dit-il, de l'efficacité de l'attaque en justice après la une de *Paris Match* – « cela a tout arrêté » –, François Baroin ne dévie pour l'instant pas de sa ligne. « C'était une atteinte à la vie privée. On a droit à ce qu'elle soit respectée. Comme tout le monde. » Évidemment, il a raison François Baroin. Il a raison de vouloir protéger ce qu'il estime être du domaine de la vie privée. Néanmoins, il sait très bien qu'aujourd'hui, à partir d'un certain niveau dans la hiérarchie politique, on est obligés de donner une part d'intime. Cela fait partie du jeu. Il sait très bien aussi que l'image de sa compagne, actrice populaire, plutôt de « gôche », pilier du concert des Enfoirés pour les Restos du Cœur, réputée accessible, ne peut que rejaillir positivement sur lui. Il sait très bien aussi, enfant du XXIe siècle, que gérer son image est indispensable. Parce qu'aujourd'hui plus encore qu'hier une mauvaise image vous colle à la peau.

Quelle est son image au juste ? Correspond-elle à ce qu'il est réellement. *A priori*, plutôt. Bien que très contrôlé, comme engoncé dans une gangue de convenances et de principes inculqués par ses parents, le Baroin hors caméra ressemble au Baroin « on stage ». À cette différence près, qu'en petit comité, avec ses amis ou des proches, il a l'air beaucoup moins lugubre qu'il n'apparaît souvent dans ses interventions publiques. Il apprécie les blagues paillardes qu'il raconte notamment à Chirac, est l'as de la contrepèterie. Il aime bien se marrer, boire un petit coup. Il apprécie la bonne chère, avec une prédilection comme Chirac pour les plats qui tiennent au corps. Les nourritures roboratives. Lorsque, lors d'un déjeuner, il avoue qu'il doit suivre depuis deux mois un petit régime parce qu'il a un peu de cholestérol, cet hypocondriaque qui se soigne semble vraiment affecté par tout ce qui lui est interdit. Et surjoue son nouveau statut de « mis à la diète d'office ». Et d'énumérer avec des yeux de cocker tous ces plaisirs qui lui sont désormais interdits : « Je n'ai plus droit à l'alcool, je n'ai plus le droit aux œufs au plat, au bacon, c'est-à-dire que ma vie est triste et je bascule dans une grave dépression. Je n'ai plus droit à la charcuterie, alors que j'adorais ça, je n'ai plus droit au fromage alors que j'adorais ça… Plus du tout de fromage. C'est affreux. » Il en rajoute : « Alors j'essaie de garder quand même une humeur égale, ça m'attriste énormément, regarde. » Et de me désigner l'assiette aux allures de repas d'hôpital que vient de lui apporter le maître d'hôtel de Bercy. Et de se lamenter : « Et ma petite piscine que j'aimais tant, fini ! C'est horrible. Surtout, moi ce que j'adorais, c'était tous les dimanches me prendre mon brunch, des œufs au plat bacon, là je me damnerais pour ça, je ferais des kilomètres… » Et de continuer, mi-figue mi-raisin, son drôle d'inventaire à la Prévert. « Plus de beurre, de l'huile de colza, l'huile d'olive, ça va. Il faut que je bouffe trois noix tous les soirs ; donc il faut que je sois en forme et pas fatigué sinon ça fait des aphtes, enfin bref… Ah, non, c'est un cauchemar, non, j'en ai marre. Ça fait deux mois que ça dure. » « J'ai basculé dans un nouveau concept de vie, qui est le côté austère et sinistre de l'existence où il faut se nourrir pour vivre et puis c'est tout. »

Eh oui, le jeune ministre pratique parfois un humour pince-sans-rire. Et il est moins austère qu'il n'en a l'air. Mais ce côté bon vivant transperce rarement dans ses apparitions publiques où il promène sa silhouette de Werther romantique, de « beau gosse » du gouvernement. Il rit un peu gêné quand on lui dit. Tente un « ah bon ? » accompagné d'une mimique étonnée. Manière de gagner du temps. De réfléchir à ce qu'il va bien pouvoir dire face à ces allégations. Sous ses airs faussement surpris, il faut voir l'évolution d'un jeune homme qui a appris à être sûr de lui. Et a découvert, au fil des ans, son pouvoir de séduction. Gêné ? En apparence. D'ailleurs, sous ses airs de ne pas s'en soucier, le jeune homme est attentif à son apparence. Ce que confirme sa mère qui assure qu'il veille à entretenir sa ligne élancée. Au fil des ans, il s'est affranchi peu à peu de ses airs de petit garçon sage. Oubliées les petites lunettes rondes et la coupe stricte façon XVIe Nord. Depuis quelque temps le ministre a laissé tomber les tailleurs bon chic bon genre Neuilly-Auteuil-Passy pour endosser des costumes plus tendance. Plus ajustés. À la manière d'Hedi Slimane, l'ancien créateur de Dior Homme. Oh pas de folie, rien d'exubérant mais un petit look « coquet », plus « trendy » qui lui a tout de même valu l'année dernière d'être distingué l'homme politique de l'année par le magazine *GQ* dont la devise est « look sharp, live smart ». Alors ministre du Budget, François Baroin a préféré envoyer son directeur adjoint de cabinet aller chercher le trophée à l'hôtel Shangri La, à Paris, dans une assistance où se côtoyaient d'autres dandys chic et dans le vent comme Michel Denisot, Yann Barthès ou Nicolas Bedos. Et, l'air de rien, le trophée trône dans son bureau de ministre des Finances.

Comme la plupart des hommes publics, Baroin est sensible à ce que l'on dit de lui. À ce que l'on pense de lui. Et il aime plaire. L'assume. « Politique, c'est un métier de séducteur, reconnaît-il. On est là pour entraîner une majorité de gens, alors… » Alors c'est sûr, François Baroin à qui certains de ses amis collent une image de grand séducteur n'évoque pas spontanément les femmes mais ne le nie pas : « C'est sûr, le pouvoir attire, exerce une espèce de fascination sur les femmes, c'est vieux comme le monde. » Sa voix à la Barry White, cette « voix de slip » plaît beaucoup à la gent féminine et agace quelque peu certains de ses pairs qui trouvent que le ministre se prend parfois pour un acteur de seconde zone. Il prend l'air un peu gêné quand on évoque le sujet. « Ma voix basse, c'est de famille. » Pour l'instant, François Baroin s'attache à sa singularité : à son refus farouche, à quelques très rares exceptions près, de céder une parcelle de terrain à cette fameuse « peopolisation » de la vie politique française. C'est une ligne de conduite qu'il a choisie et à laquelle il se tient depuis longtemps. Sachant combien la vie politique est chronophage, voleuse de temps familial – et encore plus lorsqu'on est divorcé, père de trois enfants, et que le temps doit se partager – il entend protéger son petit lopin privé. Ainsi, investi pour les élections législatives de 1993, le 28 novembre 1992, le jour de la naissance de sa fille Constance, et entré en campagne presque dans la foulée, il reproduira le schéma qu'il a connu avec son père, peu présent quantitativement mais là tout de même. Pour des moments choisis. À l'époque déjà, marié avec la journaliste de la Cinq Valérie Broquisse, le 13 avril 1991, « une vraie histoire d'amour », selon l'un de ses vieux amis, les deux décident de concert de refuser toute incursion dans leur vie privée. Même si on voit dans un reportage télé la jeune femme au physique de blonde actrice hitchcockienne glacée répondre à deux trois questions lors d'une conférence de presse dans la foulée de son élection (elle y indique que François Baroin « est quelqu'un d'authentique, profondément humain » et qu'elle pense que son élection « ne devrait rien changer du tout »). Il n'y aura donc jamais dans les journaux la photo tellement sympa de ce couple qui monte, la journaliste aux faux airs de Claire Chazal et le benjamin de l'Assemblée nationale, avec leurs jolis enfants. Comme il n'y en aura pas plus tard, lorsque François Baroin deviendra porte-parole du gouvernement Juppé en 1995. « On nous avait proposé de faire un sujet dans *VSD* mais on a refusé pour protéger les enfants. »

Là-dessus, François Baroin, contrairement à certains de ses pairs de la même génération, n'a jamais transigé. « J'ai toujours protégé mes enfants, on ne m'a jamais vu avec eux alors que l'aîné a presque vingt ans. » Comme le dit Jérôme Cahuzac, le président socialiste de la commission des Finances : « François Baroin n'est pas prêt à tout pour une semaine d'exposition médiatique, il peut faire une diète médiatique pendant trois mois sans aucun problème. Il sait ce qui est important dans la vie. » François Baroin, lui-même « fils de » et longtemps uniquement présenté comme tel, reconnaît d'expérience que « ce n'est pas facile d'être enfant de quelqu'un qui a un nom ». « Il faut au moins assurer à ses enfants la possibilité de se construire dans une forme d'anonymat, même s'il demeure tout relatif. » François Baroin parle évidemment en connaissance de cause. « Un politique, cela a une mauvaise image, c'est forcément décrié. Je ne veux pas faire subir des dégâts collatéraux injustes à mes enfants. » Cependant, et François Baroin le sait bien, on peut résister certes mais jusqu'à un certain niveau. « Jusqu'à Premier ministre c'est encore possible. » Mais s'empresse-t-il d'ajouter, conscient que cette phrase laisse entendre qu'il a réfléchi à la question et a envisagé l'hypothèse,

« on n'en est pas là. Ce n'est pas le sujet et même un Premier ministre peut à peu près vivre normalement en protégeant sa vie privée s'il n'a pas envie de l'exposer ». Il dit cela mais en même temps il est tout à fait conscient que ces affaires-là, cette intrication entre vie publique et vie privée est toujours compliquée à gérer. Que, souvent, des raisons intimes et personnelles expliquent des choix politiques. Ainsi, accorde-t-il des circonstances atténuantes au président de la République dans l'affaire de l'Epad qui lui avait fait tellement de tort. « Je pense que n'importe quel père divorcé peut le comprendre. Nicolas Sarkozy s'il s'est certainement beaucoup occupé de ses enfants a sûrement aussi beaucoup de regrets de ne pas les avoir assez vus. Je suis absolument convaincu que, derrière cette histoire, il s'agit d'abord et avant tout d'une relation entre un homme et son fils. Le fils a du talent, il veut faire de la politique, il a certainement les qualités pour le faire, il a des projets, il en informe son père et le père – parce qu'il a des remords d'avoir été un père absent ou par facilité –, en tout cas a envie non pas d'aider son fils comme président de la République mais de lui dire voilà, "vas-y ! Tu as été sous mon ombre, sous mon aile, vas-y, libère-toi ! Envole-toi" ! » À l'époque de « l'affaire » qui provoque tant de remous jusqu'au sein de la majorité, François Baroin n'est pas au gouvernement et, même s'il est très critique sur les débuts du mandat, là il retient ses attaques. « Je peux comprendre l'histoire personnelle, dit-il, comme je peux comprendre que Michèle Alliot-Marie, ministre de manière continue depuis huit ans, ait eu besoin de se reposer et ait eu envie de faire plaisir à ses parents assez âgés. Oui, je peux le comprendre. Le problème c'est qu'individuellement tout le monde peut comprendre, mais politiquement et collectivement personne ne peut l'accepter. » Et de conclure : dans un processus de décision politique, « il faut toujours essayer au fond de s'effacer. Oui, on est ministre à 100 pour cent. Oui, on est d'abord ministre avant d'être fils, on est d'abord ministre avant d'être fille ». C'est parfois violent mais c'est comme ça, c'est la politique.

Cependant, comme souvent dans la vie, il y a la règle édictée fermement et puis il y a les exceptions. Les petites séquences paillettes que le ministre s'accorde de temps en temps. Ainsi s'il fuit les mondanités et l'exposition de sa vie privée, s'il assure n'aller dans les médias que lorsqu'il a quelque chose à dire, François Baroin n'est pas non plus un Quaker médiatique. Il se rend parfois dans des émissions plus grand public. Il n'a pas encore « fait » Drucker, ne s'est pas assis dans le fameux canapé rouge, mais il est allé à plusieurs reprises sur le plateau du « Grand Journal » de Canal Plus et a également participé à l'émission de Thierry Ardisson, « Salut les terriens » où il avait l'air très mal à l'aise. Pourquoi y être allé alors ?

Pour une raison très simple. « Il devait y avoir un politique et Bernadette Chirac, qui était l'invitée principale pour promouvoir son opération Pièces jaunes, voulait que ce soit moi. Je ne pouvais pas y aller et je n'avais pas envie de faire cette émission. Parce que l'on ne sait jamais sur quel pied danser. Cela m'emmerdait. C'est très coupé, on ne sait pas ce que cela donne. J'y suis allé simplement parce que Chirac m'a appelé une semaine avant et m'a dit : je te le demande comme un service personnel. J'aime beaucoup Bernadette. Cela la rassurait d'avoir quelqu'un de confiance à côté. Je l'ai fait par devoir, pas par plaisir. » Résultat : un drôle de sentiment. L'impression que le ministre se demande sans cesse ce qu'il est venu faire dans cette galère. L'embarras se lit sur son visage : il a la mine empruntée de celui qui se demande clairement s'il ne s'est pas fait piéger. Avec ces applaudissements du public derrière. Ce mélange des genres. Un exercice d'équilibriste : « On essaie de caser un truc sérieux sur le thème on réduit pour la première fois le déficit de 60 pour cent mais tout le monde s'en fout. »

Il le sait, lui, le spécialiste de la com, c'était une erreur. Cependant il se targue de ne pas avoir encore recouru aux services d'un conseiller en images, de l'un de ces communicants, ces

« pubeux » qui veulent vendre les hommes politiques comme des produits. « Je préfère à la limite me planter à cause de mon intuition plutôt que de me mettre entre les mains d'un conseiller en com. Je trouve que c'est plus intéressant. En fait, c'est un travail d'artisan d'avoir sa sensibilité politique. De travailler sur ses convictions. Un politique, c'est un être humain qui est au service de l'État. J'ai une conception élevée de l'État, de la politique, du suffrage universel. Je préfère me planter. J'ai commis des erreurs de jugement, d'analyse, de phrases mais je préfère assumer cela plutôt que d'être un produit surfait avec une part de mensonge. » À la tête de sa petite entreprise personnelle de com, Baroin sait cependant très bien que ce type d'émissions est aujourd'hui presque un passage obligé. Car elles permettent « des sauts de notoriété ». Alors il en fait parfois quelques-unes. En ne se sentant pas très à l'aise. Et ce, d'autant plus que ces émissions sont rarement en direct : « Comme c'est enregistré, coupé on ne sait jamais ce que ça donne. Par exemple, lors de l'émission d'Ardisson, quand Stéphane Guillon attaque au lance-flammes, y va à la schlague contre Sarkozy, je suis obligé d'avoir une gueule de circonstance. Pas possible de sourire, alors que je suis porte-parole du gouvernement et qu'il a insulté Sarko. Quand Ardisson m'allume sur les dettes, je réponds sur la lutte contre les déficits mais il s'en fout et dans la foulée il me sort le rap que j'avais enregistré alors que je n'étais pas au gouvernement. » De quoi y perdre son latin. « On passe du déficit au mec sympa et puis après on repart sur la Tunisie, c'est très difficile de trouver le rythme. On ne peut pas être trop sympa, on ne peut pas montrer que l'on a trop d'humour car on risque de ne pas faire sérieux, et on ne peut pas rester figé, au risque d'avoir l'air chiant. » Ah pas facile… François Baroin le reconnaît : il peine à trouver le ton juste dans ce type d'émissions, le juste milieu entre le mec « cool » et le politique compétent. Et il se souvient, à ce sujet, d'une conversation qu'il a eue avec François Hollande, qui fut porte-parole de Lionel Jospin quand il était celui de Jacques Chirac en 1995. À l'époque, le président du Conseil général de Corrèze, pas encore en lice pour la présidentielle, lui avait raconté qu'un jour il avait fait un discours pendant près de deux heures devant les militants. Et comment après l'un d'eux, rouge de bonheur, était venu le voir pour lui dire : « Qu'est-ce que j'ai ri ! Mais qu'est-ce que j'ai ri ! » François Hollande, lui, était gêné : il se disait j'ai fait un discours politique important mais pour ce sympathisant, il passait juste pour un rigolo. Un aspect de sa personnalité qu'il s'est empressé de gommer lors de la campagne des primaires.

François Baroin n'a pas le même problème. Lui souffre d'être pris pour un dilettante. Un gentil amateur qui cacherait derrière son aisance naturelle, ses dons de communication, un manque de travail de fond. Cette image commence à l'agacer quelque peu. Il se défend : « On me dit parfois dilettante alors que c'est juste une attitude de distance. J'ai toujours été élevé avec ce principe d'éducation : ne jamais se prendre au sérieux. Rien ne justifie la prétention m'a-t-on sans cesse répété quand j'étais petit. J'ai grandi dans ces valeurs. » Et de s'emporter, lui d'ordinaire tellement sous contrôle, au timbre de voix si lisse. « Mais ça me fait me marrer ! Comme si on pouvait être élu député quatre fois sans rien foutre ! Comme si on pouvait être réélu au premier tour dans une ville comme Troyes par hasard. C'est vrai, on peut être élu par hasard mais on ne peut jamais être réélu par hasard. Mes trois dernières élections au premier tour, je n'en tire aucune gloire, j'étais heureux pour l'équipe qui m'accompagne mais cela représente énormément de travail. Mais tout le monde s'en fout ! Le travail local tout le monde s'en fout ! Ministre de l'Outre-mer, j'ai pris sur moi, je déteste l'avion, j'ai bossé comme un fou, on s'en fout parce que c'est loin. Et c'est injuste. Et c'est parce que j'ai été un bon ministre de l'Outre-mer que j'ai pu être un candidat sérieux à la succession de Sarkozy à l'Intérieur. Deux mois place Beauvau, on pense que c'est une promenade de santé. Des menaces terroristes, des interventions du GIGN toutes les nuits, on croit que c'est facile, non. Pas tant que ça. Surtout pendant la période présidentielle. » C'est sorti comme ça. Tout de go. Comme une espèce de ras-le-bol difficilement contenu des mois, voire des années durant. Comme la preuve éclatante d'un orgueil mal contenu. L'évidente démonstration que le « petit Baroin », si lisse en apparence, en a assez qu'on ne le prenne pas au sérieux. Pour y parvenir, il sait qu'il doit encore travailler. Ne pas faire de fautes de carre. Cependant, clairement depuis quelques années, il a décidé de mettre toutes ses chances de son côté. Jérôme Cahuzac, le président de la commission des Finances, socialiste, connu pour sa langue acérée et ses analyses au laser, est plutôt louangeur à son égard. « Sur tous les sujets à chaque fois que je travaille avec lui, je n'ai pas l'impression de lui apprendre grand-chose. Je ne dirais pas ça pour tout le monde. » Christine Lagarde, qui a dû affronter au jour le jour François Baroin, lorsqu'il était au Budget et elle aux Finances, pense également que son image n'a rien à voir avec ce qu'il est. Ce qu'elle a dit lors de son discours de passation de pouvoirs, le 29 juin 2011, à Bercy, est à cet égard significatif. « Il se trouve que curieusement malgré la réputation que parfois on a plaisir à faire à François d'être un dur parmi les durs sous sa gueule d'ange – ben c'est vrai aussi, ça, dit-elle avec un grand sourire – c'est un homme de grande qualité, d'une immense discrétion – certains considèrent que c'est son arrogance et sa solitude dans son ambition, non, c'est une immense discrétion, une immense pudeur, une immense compétence, aussi [...]. Eh bien, je vous mets en garde sur les dossiers qu'il va aborder, qu'il connaît déjà un peu, puisque nous avons travaillé de concert même si parfois vous ne l'avez pas réalisé, vous qui nous observiez de loin avec quelques préjugés, il aura certainement la joie de vous surprendre. J'espère que vous aurez l'esprit assez ouvert pour le constater. » Fermez le ban. À l'entendre, François Baroin serait un mec bien. Ce que confirme Jean-François Copé qu'il risque pourtant de croiser sur sa route en 2017. « C'est un mec loyal », assure le maire de Meaux, ce que pense aussi Dominique de Villepin qui ne l'a pourtant pas épargné du temps où il était Premier ministre. Le « mec bien » doit juste éviter de trop squatter les pages des magazines people dont il est devenu un client « bankable » depuis qu'il a été fiancé avec la journaliste Marie Drucker avant de devenir le compagnon de l'actrice Michèle Laroque. Étrange paradoxe pour cet homme qui réclame avec tant d'ardeur le droit à la pudeur, que de se retrouver ainsi dans le viseur des paparazzi. Revendiquant sa part d'ombre au bras de femmes qui sont dans la lumière.

6.

EN ROUTE VERS TROYES

Il fait beau. Le premier vrai soleil du mois d'avril réchauffe Paris. François Baroin n'a pas franchement le temps d'en profiter. Comme chaque semaine, aussitôt son dernier rendez-vous bouclé, il se rend à Troyes. Ce soir, il y a un conseil municipal. Assis à l'arrière de sa voiture de fonction, derrière son chauffeur et son garde du corps, le ministre du Budget est en petite forme. Il a pris froid. Se mouche. Éternue. S'excuse. « Désolé de me présenter comme cela. » À ses pieds, un sac en plastique de pharmacie dans lequel il puise compulsivement des médicaments. Il se met des gouttes dans le nez. Une fois, deux fois, trois fois. Rien de bien grave. Une pharyngite. Mais pour cet hypocondriaque qui s'assume – « Je ne me balade jamais sans une valise de médicaments » – une affaire sérieuse. D'ailleurs, il est sous antibiotiques, précise-t-il. Et se sent comme dans du coton. Ce qui ne l'empêche pas de fumer. En tirant sur sa cigarette comme un dératé. À fond. Dans cette voiture qui est encore l'un des seuls endroits où il a le droit de le faire. Dans cette voiture qui, comme c'est le cas pour beaucoup d'élus de province, qui sont obligés de multiplier les allers-retours entre Paris et leur circonscription, est un peu comme une seconde maison. Où l'on se détend. On peut faire une petite sieste. On passe ses coups de fil en retard. On travaille aussi ou on lit les journaux. On peut aussi prendre le temps de la réflexion. Plus tôt dans la matinée, avant de se rendre au Sénat pour les questions d'actualité, il a déjeuné avec trois anciens de Stan, cette école où il a notamment rencontré son meilleur ami, « son frère », qui était du déjeuner, Jean-Michel Blanquer. Souvenirs, souvenirs entre gens de bonne famille qui ont tous bien « réussi ».

Près de deux semaines après le résultat des élections cantonales de mars 2011, qui ont été marquées par une défaite de la droite et la percée significative du FN, les esprits sont encore échauffés. Et l'ascension de Marine Le Pen qui s'est muée, un comble, en ultime rempart de la laïcité, semble irrésistible. « Cela fait vingt ans que je combats le FN et je n'ai jamais vu de tels scores. Une digue a cédé, constate François Baroin, inquiet. On s'est retrouvés avec des duels à 46/54 contre le Front, ce n'est pas normal, pas possible. » Face à cette vague, à cette percée du FN, la droite a des états d'âme. Il y a ceux qui sont sensibles à la « ligne Buisson » et veulent remonter la pente en allant braconner sur les terres du FN et puis il y a ceux qui se sentent plus en phase avec la ligne républicaine d'un Borloo ou d'un Villepin. C'est normalement, naturellement, la position de François Baroin. Le maire de Troyes, avant d'entrer dans le gouvernement de François Fillon, n'avait en effet pas manqué à plusieurs reprises de se démarquer de Nicolas Sarkozy, notamment à propos de l'organisation du débat sur l'identité nationale qui, avait-il mis en garde, en 2009, ne « pouvait que servir le Front national » et ouvrir la boîte de Pandore, en laissant se développer tous les bas instincts. Mais certains ont été étonnés que le chiraquien François Baroin s'oppose à la constitution d'un front républicain pour résister au FN, refusant de faire alliance avec le PS pour résister au parti de Marine Le Pen. Baroin s'étonne que l'on s'étonne. « Cela fait vingt ans que je combats le FN. Juppé, moi et quelques autres souhaitions que la voix républicaine demeure à l'UMP. Nous nous sommes efforcés d'exercer une pression vertueuse du dedans sur des sujets comme l'Islam ou la laïcité », se défend-il, assurant que sa position est claire : pas de compromission avec le FN, pas de connivence avec le PS. « La sémantique a un poids énorme. » Quant à la laïcité son sujet de prédilection depuis qu'il a rédigé un rapport sur le sujet en 2003, il a souhaité, alors que le débat commençait à sérieusement déraper, prendre ses distances.

On est aux portes de Paris. Un panneau indique Troyes. François Baroin se rappelle que cela a été l'une de ses premières décisions quand il est devenu ministre de Jacques Chirac en 1995 : faire installer un panneau en direction de Troyes sur l'autoroute 94. Ce sont des petits riens en apparence mais qui sont comme des petites balises qui donnent une traduction concrète à une action politique… et permettent aussi de se souvenir de ceux qui ne sont plus là. Le tracé de cette autoroute a en effet été décidé par son père. Quand on arrive à Troyes, tout de suite, il s'opère un changement. Comme beaucoup d'élus locaux, lorsqu'il parle de cette ville dont il est le maire depuis 1995, après vingt-trois ans de règne de Robert Galley, François Baroin change de voix, d'attitude. Il parle en propriétaire de « sa » ville. De ses habitants. Des travaux qu'il prévoit de faire à l'entrée de la ville, des « pistes pénétrantes, avec des arbres, des plans d'eau ». La vie semble plus tranquille ici. À l'image des paysages. De ces grandes plaines de l'Aube qui encadrent la ville. À l'image des Aubois célèbres : le pape Urbain IV né à Troyes (1185-1264), Édouard Herriot (1872-1957) ancien maire de Lyon et anti-munichois célèbre ou encore… Émile Coué

(1857-1926), pharmacien et père de la pensée positive tellement chère à beaucoup d'hommes politiques, dont la devise était : « Si l'on a la certitude d'obtenir ce que l'on cherche, on l'obtient, pourvu que cette chose soit raisonnable. »

Quand François Baroin vient ici, lui qui « fonctionne par tiroirs » ferme celui du ministère sauf pour les urgences. Il essaie aussi de faire un peu de sport, du tennis, avec Michèle Laroque qui l'accompagne souvent le week-end. Va voir jouer l'Estac au stade de foot de la ville. À Troyes, il y a aussi une part de son enfance. La maison dans laquelle il a vécu avant que sa famille ne monte à Paris. Son école, qu'il a fréquentée jusqu'au CM1. Quand il a été élu maire pour la première fois, son institutrice était encore en activité. Depuis, la ville, qui était une ville industrielle, une ville ouvrière sociologiquement à gauche, où subsistent de vieilles usines avec de grandes cheminées en briques et un centre-ville médiéval avec de belles maisons à pans de bois, où se côtoient, vestige de l'ère de la bonneterie, maisons d'ouvriers et grandes maisons bourgeoises, a beaucoup changé. La crise est passée par là. La région, encore aujourd'hui deuxième productrice de champagne de France, longtemps tirée par l'essor de l'industrie bonnetière puis de la maille incarnée par quelques dynasties familiales a dû se reconvertir. Les magasins d'usines, qui ont pris leur essor dans les années 1990 dans de grands entrepôts de l'agglomération de Troyes (Saint-Julien-le-Villas et Pont-Sainte-Marie) ont remplacé les usines elles-mêmes. Il y a eu beaucoup d'hectares en friche. Le maire continue sa visite guidée. Là, la maison des associations. Ici, le majestueux stade de l'Aube avec ses 22 000 places qui a été totalement rénové par le maire, grand fan de football. Le quartier du Point du Jour où les tours et les barres ont été détruites pour être remplacées par des petits immeubles de quatre étages qui ont été investis par des « gens des quartiers », ce qui a changé leur vie et leur comportement. La place de la cathédrale Saint-Pierre et Saint-Paul (édifice qui ne possède qu'une seule tour) qui a été refaite. Les bancs pour les amoureux. Le maire est intarissable. Il est visiblement fier des transformations qu'il a réalisées. De « ses » grands travaux lancés dès 1996. L'aménagement de la place de la préfecture, les vieilles maisons retapées avec des pierres apparentes, l'effort de verdissement (40 000 bulbes de jonquilles qui ont été plantés), les quartiers « difficiles » – pendant longtemps le chômage a été supérieur à la moyenne nationale et le niveau de revenu inférieur –, le nouveau commissariat inauguré par Brice Hortefeux du temps où il était encore ministre de l'Intérieur (« le seul commissariat construit en France depuis trois ans », s'enorgueillit Baroin), le Parc des Expositions, sorte de petit Zénith, la médiathèque absolument magnifique avec son mur de livres anciens et son beau parquet (« on a à peu près tout ce qu'il faut »), la bibliothèque inaugurée avec Jacques Chirac. Il égrène, au fil de la visite guidée, toutes ces réalisations concrètes. Rien à voir avec le bla-bla obligé et convenu qu'il sert parfois à Paris. Il le reconnaît d'ailleurs sans difficulté : « Le mandat de maire écrase tous les autres. Évidemment, servir la France c'est bien, mais la ville… » Ah la ville, « sa » ville, c'est incomparable. C'est un laboratoire personnel. Un endroit où l'on peut s'affirmer. Avoir l'impression, contrairement à Paris, d'être son propre maître. C'est particulièrement vrai pour François Baroin qui a acquis son autonomie et sa légitimité politique sur ces terres, dans cette région de l'Aube où son père fut sous-préfet et maire de Nogent-sur-Seine. Il s'y présente sans étiquette politique comme son père le faisait.

Cependant lui que l'on a accusé d'être un fils à papa et qui a, c'est vrai, bénéficié du « canal historique » d'anciens fidèles de son père n'a pas souhaité, après son élection aux législatives, en 1993, comme député de l'Aube, se présenter aux municipales dans la ville dont son père fut le maire. Il a préféré tenter sa chance à Troyes plutôt qu'à Nogent-sur-Seine. Question d'opportunité après vingt-trois ans de règne de Robert Galley que l'on a gentiment poussé vers la sortie mais aussi de choix stratégique. Troyes, c'est la préfecture de l'Aube et il était plus logique de ne pas prendre le risque que la ville bascule à gauche car

« qui tient la préfecture tient politiquement une partie du département ». En effet, dans l'Aube, l'influence de François Baroin qui est aussi président de la communauté d'agglomération de Troyes depuis 2001 va au-delà de la ville où il a réussi à apposer sa patte. Évidemment, c'est grisant. Moi maître du monde. Comme tous les potentats locaux, Baroin ne boude pas son plaisir. Celui de faire. Et de voir ce que l'on fait. De laisser une empreinte. Ce qui se révèle plus aisé dans une ville ou une région que de laisser sa trace dans l'histoire. « En fait, c'est un plaisir. Tu as une idée et ça devient quelque chose. » Paf, comme par magie, s'extasie Baroin. « Au début, quand je suis arrivé, j'ai voulu être le plus sérieux, méthodique possible. Et puis, peu à peu, je me suis affirmé. J'ai dit ce que j'aimais. J'ai donné mes idées. Comme un patron de radio qui ose faire des choix personnels. C'est en ce sens que ce mandat écrase tous les autres. » Parce qu'il est non seulement un accélérateur de carrière mais aussi un révélateur. Parce qu'il tend un miroir fidèle de la personnalité d'un politique souvent plus vrai chez lui, sur le terrain, dans sa circonscription, qu'à Paris. « C'est vrai, le pouvoir d'un maire est considérable. Il porte la parole de sa ville, il l'incarne, il anime une équipe, doit être en phase avec l'opinion, avoir de l'audace, assumer ses idées. C'est un médiateur, un rassembleur. C'est la seule et véritable grande école politique qui permet de toucher à tous les sujets », s'enflamme l'édile qui se targue de ne pas avoir augmenté les impôts depuis treize ans. Se réjouit d'avoir fait revenir des jeunes avec la construction d'un nouveau campus (la ville est passée de 4 500 à 10 000 étudiants en quinze ans).

L'Hôtel de ville est placé en face du siège des deux journaux locaux, *L'Est Éclair* et *Libération Champagne*, qui appartiennent tous deux au groupe France Antilles. Même contenu, même rédaction sauf une page. Dans son grand bureau, le maire a fait installer l'ancienne table de travail de son père à la GMF. Sur les murs, il y a des photos de tous les présidents de la République de la Vᵉ. Chirac a évidemment une place à part. Il trône dans la bibliothèque. Sur une grande photo où il serre la main d'un François Baroin tout jeune, ceint de son écharpe tricolore et encore le nez chaussé de ses fameuses petites lunettes rondes. Il y a aussi une photo du 20 mai 1995 avec cette dédicace de Chirac : « À mon ami François Baroin, jeune et brillant homme politique, en témoignage d'estime et de reconnaissance. Et avec toute mon affection. Jacques Chirac. » À côté une autre photo sur laquelle on voit côte à côte Jacques Chirac, Edgar Faure et Michel Baroin et François Baroin tout gamin, les cheveux en brosse. Et puis, un peu plus loin un cliché de François Baroin avec Nicolas Sarkozy et cette dédicace : « À toi, mon ami »... le temps passe, les rancœurs s'effacent et les ennemis d'hier sont devenus les amis d'aujourd'hui.

En tout cas, depuis quelques années, Troyes est devenu une étape obligée dans cette espèce de Monopoly à l'échelle de la France, de jeu de l'oie politique que s'obligent à faire les présidents de la République. Jacques Chirac s'y est évidemment rendu plusieurs fois. Il y a notamment effectué son premier déplacement après la dissolution et l'échec des législatives de 1997, l'occasion de lancer face à une cohabitation contrainte le concept d'un président qui demeurait « maître du temps ». Manière, aussi, de se réchauffer le cœur auprès du dernier carré de fidèles. Il y est également retourné après sa réélection en 2002, pour y parler de décentralisation. Plus récemment, en novembre 2010, c'est Nicolas Sarkozy qui est venu à Troyes animer une table ronde sur les transports et le développement équilibré des territoires. L'occasion surtout de mettre en scène de manière un peu caricaturale la concurrence entre deux candidats potentiels pour Matignon, Jean-Louis Borloo, alors encore ministre de l'Écologie et favori et François Baroin, alors ministre du Budget, régional de l'étape et outsider. Le président de la République distribua ce jour-là, avec un art tout mitterrandien, les compliments à l'un et à l'autre… Jean-Louis Borloo ne le quitta pas d'une semelle, Baroin arbora un sourire ironique pendant toute la visite, avant que, finalement

Nicolas Sarkozy décide quelques jours plus tard de renouveler le bail de François Fillon à Matignon… Enfin, il est venu y tenir une réunion publique avec Jean-François Copé, en mars 2011, dans le but de médiatiser leur bonne entente après le couac du débat sur la laïcité.

Le maire vient dans sa ville tous les week-ends, surtout le vendredi et le samedi. Ce jour-là, 7 avril, il y a conseil municipal. Les membres du conseil municipal sont assis en U face à l'estrade où siègent François Baroin et ses adjoints. L'opposition est représentée par six élus de gauche (PS, PC, PRG et Verts), par trois élus du Modem et deux du Front national. À l'ordre du jour : le changement de nom de la piscine des Chartreux, l'attribution des bourses d'études supérieures, l'organisation du concours portant sur la création du visuel « Clés de Troyes », les finances, l'organisation de la braderie de la ville avec une animation médiévale… les sujets à l'ordre du jour passent les uns après les autres. Et les votes se suivent. « Pour ? » « Contre ? » « Abstention ? » Cela dure deux heures. « Merci, Charlotte », « Merci, Anne-Marie », « je vous souhaite une excellente soirée, et on se croisera peut-être ce week-end ». Le maire lève la séance. Il restera vraiment sur place. Comme chaque week-end, ce qui lui a valu un temps le surnom de « VSD » (vendredi samedi dimanche) donné par l'opposition à ce maire que certains trouvent peu présent.

François Baroin hausse les épaules. Il a l'habitude de ces critiques. Il laisse filer. Reconnaît qu'il a appris à beaucoup déléguer. Cela dit, l'Aube, ce sont ses racines. Son territoire. Un peu de sa chair et de son enfance. Il aime la province, sa province, s'y sent bien. Il adore sa ville, son âme, son identité. L'humoriste Raphaël Mezrahi, qui l'a connu en l'interviewant pendant la campagne présidentielle de 1995, arrivé à Troyes de sa Tunisie natale, en 1965, assure que son « pote » Baroin, avec qui il partage la passion du foot, est « top ». « Troyes est un village, c'est Jacques Tati. Tout le monde se connaît. Il n'y a pas de riches, de pauvres. Et François est resté un mec de Troyes. Même s'il est avec Michèle Laroque, il s'en bat les c… du showbiz. Il a la culture de Troyes. On est, lui comme moi, restés ringards et on aime ça. »

Alors lorsque l'on évoque, hypothèse envisagée un moment par certains à l'UMP, que François Baroin puisse se présenter à Paris ou ailleurs, il balaie d'un revers de la main cette possibilité. « Je ne me vois pas faire du tourisme électoral. Il n'y a aucune raison pour que je change de territoire, aucune. Ce n'est pas le même métier en plus. C'est la même profession mais ce n'est pas le même métier. Député de l'Aube, j'ai 80 pour cent du territoire rural, j'ai une centaine de communes. Quand on se balade au printemps, il fait beau, les cultures ont poussé, on rencontre des personnages incroyables que l'on ne croise jamais à Paris. »

François Baroin a l'air sincère quand il évoque ces hommes et femmes qui sont ses électeurs. Comme beaucoup de ses pairs, il assure se ressourcer quand il retourne chez lui, sur le terrain. C'est une manière de rester en prise directe avec la réalité. Avec ce que souhaitent les Français. Ce qui n'est pas toujours évident. Comment interpréter en effet ce conseil lancé un jour par un paysan : « Monsieur Baroin, il faut que ça bouge mais faut pas que ça change ! » Baroin se marre. « Ce type avait tout compris en politique. "Il faut que ça bouge mais faut pas que ça change" ! »

7.

CHASSE, PÊCHE, TRADITION

Est-ce parce qu'on est le 14 février, jour de la Saint-Valentin ? En tout cas, François Baroin est détendu. Il sirote une petite piscine. Un verre de champagne où flottent quelques glaçons, boisson qu'il affectionne particulièrement. Assis sur le canapé du salon dans l'appartement privé du ministère du Budget, il a la tête ailleurs. Pas facile d'être toujours sous tension. La tête dans le guidon. Contrôlé. Non, aujourd'hui, le ministre si sérieux à la mine de premier de la classe, presque fayot à force d'être appliqué, a plutôt envie de jouer les cancres. À travers les baies vitrées, un oiseau passe furtivement. Il n'en faut pas plus pour que sa seconde nature, sa vraie nature, prenne le dessus. Pour que le petit enfant qui rêvait d'être vétérinaire, l'amoureux de la nature qui a partagé tant de moments forts avec son père dans les sous-bois et les ruisseaux chasse un moment le serviteur de l'État à la mine parfois austère. « Un cormoran », s'exclame-t-il. L'oiseau aquatique au bec crochu, bientôt suivi d'un deuxième de la même espèce, inspire le ministre. Il s'élance. Loue les spécificités de cet oiseau « très, très prédateur. Un pêcheur d'exception. Je pense qu'il n'y a pas meilleur pêcheur au monde que le cormoran », juge-t-il, d'ailleurs sans l'ombre d'un doute avant de préciser que cet animal est très protégé et fait l'objet d'autorisation de tir et de prélèvement parce que, quand trente cormorans arrivent sur un étang, il n'y a plus de poissons au bout de trois mois… Lancé, il ne s'arrête plus, s'enthousiasme à propos de ce « bel oiseau qui a un très beau vol, on dirait un bombardier, mais dont il faut gérer ces populations. D'ailleurs la difficulté c'est que l'on sait protéger les espèces mais on sait moins les réguler ». On approuve à défaut de pouvoir faire autre chose. Et voici François Baroin, ce jeune homme au look urbain apparemment très étudié, qui s'embarque dans un exposé enflammé sur le développement des buses, des busards, des milans, de tous les rapaces, les faucons les éperviers les émouchés… et d'autres espèces protégées. « Le cormoran est l'un des prédateurs les plus importants des perdreaux et des faisans et donc on n'arrive plus à protéger les souches naturelles de perdreaux parce qu'on ne veut pas remettre en cause – un peu comme ça s'est fait pour le cormoran – la protection absolue de ces espèces prédatrices. » Face à ma mine interloquée, François Baroin rigole et termine en queue de poisson : « C'est un vrai sujet majeur de société qui aura un impact conséquent sur les déficits publics. » Drôle. Depuis le début de nos entretiens, c'est peut-être la première fois que François Baroin semble parler sans filets. Sans peser au trébuchet le moindre de ses mots. De peur de se dévoiler. De se trahir. De faire un faux pas. Évidemment, face à cette passion pour la chasse et la pêche qu'il ne cache pas mais ne met pas non plus trop en avant – il est vrai que, dans ces temps écologiquement corrects en diable, ce n'est pas toujours bien vu –, on s'interroge. On cherche les parallèles tellement évidents – trop évidents – entre la chasse et la politique. Les politiques et les chasseurs. Certes, la ficelle est grosse. Il n'embraie pas vraiment. « La passion de la chasse – ou de la pêche d'ailleurs qui est pour moi d'égale valeur –, c'est d'abord une passion de la nature, se défend-il. Les habitudes des animaux, leurs mœurs, leurs sites de reproduction, les périodes, les saisons. En connaissant la chasse, j'ai l'impression de mieux comprendre la nature. Tout me raconte une histoire : un nid, une trace au sol, des zones. Je suis alors pleinement dans la nature, cela me vide. » Pour une fois, c'est clair, il parle vrai. « La pêche, poursuit-il, c'est autre chose. Quand tu as les pieds dans l'eau pendant des heures que tu cherches la truite dans une ambiance très poétique, un petit ruisseau magnifique, tu as des éclats de diamant quand tu te retournes parce qu'il y a un rayon de soleil. C'est sublime. Cela t'éloigne de tout. Cela te lave de tout. Pour moi, c'est le vrai temps. C'est la vraie vie. C'est le vrai rythme humain et l'homme dans ce paysage-là est un prédateur parmi d'autres. Probablement le prédateur le plus intelligent parce qu'il a inventé les armes à feu. Il y a dans le chasseur cette dimension assumée du prédateur parmi d'autres. » Fichtre, se dit-on. Cet homme-là aurait dû être garde-chasse. C'est Werther égaré en politique. Lui qui avait déposé un dossier pour entrer en classe prépa pour préparer Maisons-Alfort, l'école vétérinaire, aurait été parfaitement heureux dans cette voie-là. Même si on peut se dire qu'il peut y avoir quelque chose d'un peu schizophrène à vouloir soigner des animaux tout en prenant du plaisir à les tuer. Ah bon ? Non, il ne comprend pas où est le problème. Il ne voit pas de contradiction entre cette passion des animaux qu'il a eue jusqu'à l'adolescence et ce plaisir, cette quiétude qu'il trouve en « partageant des moments incroyables, de chasse, de quête… la beauté de ces gibiers, le fait de pouvoir les toucher… c'est vraiment exceptionnel ». Voilà, pour une fois, Baroin s'exprime sans retenue. Ni calcul. Pour lui, la chasse ce n'est pas rien. Ni une distraction sociale, un moyen d'épaissir un carnet d'adresses par des rendez-vous mondains et champêtres, ni un simple loisir. La chasse, pour lui, c'est d'abord l'enfance. Les souvenirs des jours heureux avec son père. Le premier lièvre qu'il a eu l'autorisation de porter lorsqu'il avait cinq ans. « Je me souviens, c'était dans les plaines du Nogentais. Mon père m'a dit d'aller le chercher. Il devait peser 5 ou 6 kilos, j'étais épuisé en fin de matinée. Mais c'était le bonheur absolu. C'était l'ambiance, le sourire. La détente, les copains de mon père. » Sa madeleine à lui. Une passion qu'avait déjà son grand-père et qu'il a lui-même transmise à deux de ses enfants, ses deux garçons avec qui il aimerait un jour faire un safari. Pour tirer peut-être pas un rhinocéros mais pourquoi pas un lion ou un léopard.

Intarissable, Baroin apprécie toutes les chasses. Que ce soit la chasse à l'alouette au cul levé (*sic*) dans un champ de betteraves ou dans un chaume de blé, la chasse à la billebaude. Visiblement, pour lui rien ne vaut ces moments. Ces instants suspendus dans le temps où il se retrouve seul avec son chien ou accompagné. Rien ne vaut la beauté du brame du cerf. La chasse au chamois en montagne. Ces paysages incroyables. Intarissable, Harry Potter sur le sujet. Tout comme sur la signification des trophées. Leur classification. « Pour moi un beau trophée c'est une belle scène de chasse. Ce peut être un tout petit brocard. Que l'on appelle un assassin parce qu'il a des dagues et qu'il est menaçant pour les autres. Ce n'est pas un joli trophée. C'est très vilain sur le plan esthétique. Mais il faut que l'histoire avec l'animal soit belle. Il faut que la quête ait été difficile, avoir souffert, avoir échoué, avoir sélectionné son animal. La plus belle chasse, c'est celle qui prend plusieurs heures, qui est physiquement épuisante. On a choisi un animal parce que le garde ou le guide connaissait son territoire et savait qu'un animal était déficient. Soit c'était une vieille chèvre ou un vieux chamois ou un vieux mouflon ou un très beau trophée à son apogée. Parce qu'en fait cela suit une courbe, c'est comme l'être humain. Un cerf prospère ainsi jusqu'à douze-treize ans, puis après décline. Il fait ce qu'on appelle un ravalement. Il ravale comme une vieille façade. Son immense trophée devient alors un petit moignon et cela n'a plus de sens de le prélever à ce moment-là. Il ne peut plus se reproduire. Il n'est plus maître de place. Le page qui l'a accompagné pendant plusieurs années devient lui-même maître de place. Il y a un côté injuste parce que pendant dix ans il a dominé la forêt. Il a couvert les biches, a assuré la reproduction. Mais c'est ainsi. Son trophée n'a plus de sens dans sa beauté mais dans son histoire. » Il poursuit. Comme s'il livrait les clés d'un coffre-fort, d'un monde mystérieux et ésotérique. Il évoque encore les codes écrits, les codes légaux, des autorisations de droits de chasse. S'extasie sur le côté poétique du langage, du vocabulaire de la chasse. « Prenons un sanglier. Les oreilles cela s'appelle des écoutes, la queue cela s'appelle la vrille, les yeux cela s'appelle les mirettes, le groin c'est une hure, les testicules on appelle ça des suites, les déjections, des laissers. Le vocabulaire de la vénerie est magnifique. Un chien bien gorgé, c'est un chien qui a une voix qui porte fort et qui exprime sa voix et son émotion. » Il s'extasie aussi sur l'histoire du cerf, le roi de la forêt. « Au moment du brame, c'est-à-dire entre le 15 septembre et le 15 octobre au maximum, on voit cet animal majestueux dominant, un maître de plat, c'est-à-dire celui qu'aucun autre cerf ne viendra chercher parce qu'il sait qu'il sera moins fort physiquement et qu'il couvre toutes les biches. Il a l'autorisation légale pour couvrir les biches. Les autres n'ont pas le droit. C'est un moment de magie de l'histoire de la forêt et on le voit sortir le cou très haut. Il brame. Pour qui ne connaît pas la forêt, et même pour quelqu'un qui n'aime pas la chasse, le brame est quelque chose d'une puissance incroyable. On dirait qu'il y a un lion dans la forêt. Et quand on le voit sortir on s'incline devant la majesté de cet animal. »

François Baroin parle depuis plus d'une demi-heure et on ne l'arrête plus. Anecdotique ? Une ruse de politique pour laisser percevoir, juste ce qu'il faut, un aspect plus personnel de sa personnalité ? Pas vraiment. Cette passion pour la chasse est révélatrice. Elle correspond aussi à la France qu'affectionne Baroin. À cette fameuse France des terroirs vantée par son ami Christian Jacob qui avait provoqué un mini-scandale lorsqu'il avait relevé à propos de Dominique Strauss-Kahn qu'il ne représentait pas cette France-là. Car, étrangement, François Baroin n'est pas du tout ce qu'il a l'air d'être. On le prend pour un urbain. Il a des allures de petit marquis parisien et élégant, attentif à son apparence – ce qu'il est aussi – mais au fond c'est un provincial, passionné par la nature et qui revendique son appartenance à la France des terroirs. À cette France de moins en moins représentée dans les médias si ce n'est dans des émissions caricaturales comme « L'Amour est dans le pré ». Il aime cet univers convivial et amical, où les frontières partisanes ne sont plus de mise. Preuve en est l'importance du groupe chasse à l'Assemblée nationale où se retrouvent tant des personnalités de gauche, comme Gayssot ou Bartolone, que de droite comme Jacob, Drut et dans le temps Henri Cuq. D'aucuns évoquent souvent à propos de François Baroin les réseaux francs-maçons dont il disposerait « au nom du père », mais il bénéficie d'un autre réseau tout aussi puissant et dont on parle beaucoup moins : celui des chasseurs. Ainsi, à une époque où leurs patrons respectifs, Jacques Chirac et Nicolas Sarkozy, étaient en guerre ouverte, François Baroin et Pierre Charon, l'ami et ancien conseiller de Nicolas Sarkozy, entretenaient les meilleures relations du monde. « À dire vrai, raconte Charon devenu sénateur de Paris, on parle souvent plus de chasse que de politique. » Et c'est tout naturellement que François Baroin, même lorsqu'il critiquait régulièrement le président de la République, est venu chasser à Chambord quand Pierre Charon a repris en main l'organisation des « battues d'État » en 2009. L'occasion de partager de bons moments, dans une ambiance conviviale avec un maître des lieux sachant bichonner ses invités triés sur le volet : petit déjeuner à 8 h 30, café-croissants autour d'un brasero entre deux traques, vin chaud lors de la présentation du tableau, arrivée des gardes républicains avec les flambeaux. Comme le racontait Éric Mandonet dans un article de *L'Express*[1], la République sait être bonne fille avec ses élus chasseurs. Cette bonne entente cynégétique entre Charon et Baroin – favorisée par le fait que Pierre Charon a bien connu le père de François et avait même occupé son bureau à la présidence de l'Assemblée nationale lorsque Jacques Chaban-Delmas a succédé à Edgar Faure – a pu avoir des prolongements politiques. Ainsi, alors qu'il était un peu en quarantaine et pensait « ne jamais être ministre de Nicolas Sarkozy », le maire de Troyes venait-il régulièrement prendre un café avec Pierre Charon

1. « Charon, un porte-flingue aux chasses présidentielles. »

à l'Élysée. Et a-t-il bénéficié de deux appuis pour le faire entrer au gouvernement : celui de l'ami du président avant qu'il ne soit en disgrâce et celui de Brice Hortefeux qui se souvenait que Baroin avait toujours été correct à son égard quand il avait été secrétaire général délégué de l'UMP par intérim.

Cette passion pour la chasse et la terre explique donc en partie pourquoi le républicain qu'il se targue d'être n'a pas été outré par la sortie de son ami Jacob, autre chiraquien historique et grand chasseur devant l'éternel, sur la France des terroirs. Pour lui, c'est une réalité qui colle avec celle de la France des chasseurs. « Un élément identitaire très puissant », assure-t-il. C'est son côté très pompidolien, Baroin est convaincu « qu'il y a un besoin de racines » en France et que « le terroir est un élément de la France ». « Il est très français », dit de lui sa mère. Emporté sur sa lancée, il ne renie pas la fameuse phrase de Pétain, « la terre ne ment pas… ». C'est selon lui « une formule très juste. Le regret c'est qu'elle soit pétainiste ». Et de continuer : « Il y a dans les racines françaises une dominante rurale, une dominante forestière. Il faut voir l'attachement des gens et même de l'État à la protection de la forêt. C'est vraiment quelque chose d'identitaire très puissant. Et puis par rapport au rythme actuel, au développement des technologies, du sentiment d'être à la fois très libre très puissant d'avoir le monde à ses pieds, on oublie le coin de la rue et on oublie un peu trop le coin du bois. » Comme témoigne son ami Yves Marek qui l'a accompagné à de nombreuses reprises dans la Creuse, dans sa maison familiale, Baroin a une empathie extraordinaire avec la nature. Et un rapport au temps qui n'a rien à voir avec celui, effréné, de nombreux petits jouvenceaux ambitieux de la politique. « Chez lui, dans la Creuse, il est comme un vieil Africain. Le sage du village. Il a des gestes lents. Un côté quasiment sorcier, en harmonie avec la nature et les gens aussi. Quand il est là-bas, on le sent très à l'aise avec des gens très simples, représentants d'un petit peuple de droite, allergique au Medef. » Cet amoureux de la nature, qui ne voit pas en quoi cela est contradictoire avec sa passion pour la chasse, est capable alors qu'il roule à toute berzingue sur les petites routes de la Creuse de freiner brutalement pour ne pas écraser un hérisson. Ou de se réveiller à 5 heures et demie du matin pour voir des biches. On en aurait presque les larmes aux yeux.

François Baroin s'épanche plus volontiers dans les médias sur sa passion pour la pêche. Rien d'étonnant à cela : la pêche ne véhicule pas d'images sanguinolentes et violentes et n'est pas associée aux mêmes images d'un sport qui serait réservé à une caste favorisée de gens se retrouvant entre eux, reproduisant certains rites élitistes. De plus, elle est bien plus écologiquement compatible. François Baroin a tout à fait conscience de ces clichés associés à la chasse, mais il n'en a cure. Pour lui, ces moments-là sont tout simplement non négociables. Car ce sont des moments d'harmonie avec la nature « qui équilibrent la vie ». Et puis, ajoute-t-il, intarissable, « il y a une part de progrès dans la vie de chasseur. On apprend, on apprend à se connaître. On apprend ses défauts. On apprend à être plus malin. On connaît les habitudes des animaux. On essaie d'être plus subtil. Il y a un petit côté indien ».

Assez prudent sur les étapes à venir de sa vie d'homme politique, François Baroin est bien plus disert quand il s'agit d'évoquer sa vie de chasseur. « Une vie de chasseur cela se construit, c'est comme une vie d'homme il y a des étapes et j'ai envie en étant encore physiquement debout de pouvoir partager avec mes garçons. C'est une passion et je comprends et je respecte parfaitement ceux qui ne comprennent pas et qui n'acceptent pas. Parce qu'il y a l'acte de tuer. » Mais il tient à corriger cette image de loisir de privilégiés que certains veulent lui accoler. Au contraire. « La chasse est un acquis social, un acquis de la Révolution française. Elle était réservée avant aux notables propriétaires terriens, assure-t-il. Même la chasse à cour [qu'il ne pratique pas parce qu'il ne monte pas à cheval] est, contrairement à une idée reçue, une chasse qui est très populaire. Quand il y a un rallye dans un village, c'est tout le village qui sort. Pas juste les descendants des aristos qui sont propriétaires du château du coin. » Lui qui a été président de l'Association des amis de Chambord comprend – bien que les chasses aient été supprimées même s'il subsiste aujourd'hui des battues de régulation – que ces chasses présidentielles à Chambord et tout ce qu'elles trimbalent comme fantasmes et souvenirs monarchiques puissent heurter. Mais il souligne que c'est une tradition qui s'est beaucoup démocratisée. « Le droit à chasser, c'est un droit de l'État et un élément de relations publiques pour l'État. La France est un grand pays de chasse reconnu comme tel. On peut à peu près tout chasser. C'est un élément de fierté. On peut être fier de la prestation cynégétique des agents au service de Chambord. C'est un élément non pas de prestige, car lorsque l'on dit prestige, on comprend privilèges, mais c'est un élément du patrimoine de l'État. »

Quant aux objections des écolos de tout poil, François Baroin leur rétorque, tout en plaidant pour un meilleur dialogue, que la chasse n'est pas du tout en contradiction avec l'écologie et la protection de l'environnement. « Les chasseurs connaissent mieux l'environnement que quiconque. » Et de poursuivre : « Une population, ça se régule. Et l'idée absurde selon laquelle, s'il n'y avait plus de chasseurs tous ces animaux pourraient très bien vivre ensemble, est fausse. Il y aurait des maladies. En réalité le paradoxe absolu et que je trouve intellectuellement séduisant c'est qu'on a beaucoup plus aujourd'hui de grands gibiers, de biches, de cerfs, de chevreuils, de perdreaux, de faisans tout simplement parce qu'on a des chasseurs. Sans chasseurs les populations augmentent et ensuite elles meurent du développement de maladies. Il faut arriver à un équilibre où les promeneurs, les chasseurs, les défenseurs de l'environnement seraient des acteurs de la protection de la nature. Il faut apprendre à se tolérer. On n'en est pas encore là. »

Une question s'impose après ce vibrant plaidoyer et la révélation de ce qui semble être une véritable passion : être un bon chasseur est-il un atout dans la vie d'un homme politique ambitieux ? Une manière d'imposer sa domination sur les animaux comme on voudrait l'imposer à ses concurrents ? Être une bonne gâchette augmente-t-il les chances d'être un bon politique ? François Baroin rejette ces clichés. Même s'il a la réputation d'être un bon tireur, doué d'un vrai sens de l'anticipation, il assure ne pas être un chasseur qui aime blesser mais qui retire de la satisfaction « d'avoir été un acteur malin de la nature ». Nuance subtile. Quant à la domination, il assure que « ce n'est pas ce qui est majeur dans la chasse, quand on est un vrai chasseur ». Contre-exemple de taille, tandis que Georges Pompidou était un authentique chasseur, Jacques Chirac, n'a, lui, jamais aimé la chasse. Et il n'a jamais compris la passion de son filleul en politique pour ce sport. Lui qui, sous la pression de sa fille, Claude, et de Nicolas Hulot, a officiellement dissous le Comité des chasses présidentielles, dans la foulée de son élection, en 1995, a ainsi demandé un jour, mi-figue mi-raisin, à un François Baroin qui lui racontait qu'il avait « fait » un cerf : « Mais qu'est-ce qu'il t'avait fait ? » François Baroin se marre. C'est ainsi : Jacques Chirac qui a su exécuter, sans avoir la main qui tremble, beaucoup de ses adversaires politiques – « En politique il n'a pas d'état d'âme dans la prédation parce que cela fait partie de la mission », analyse drôlement Baroin – n'imagine pas que l'on puisse faire du mal à un animal. Il ne comprend pas la chasse. Pas comme son prédécesseur Valéry Giscard d'Estaing. Dans ce contexte, il est d'autant plus étonnant que, bien que connaissant la passion de son protégé pour la chasse, Jacques Chirac ait envisagé un moment de le nommer ministre de l'Environnement. Avant de finalement le nommer à l'Outre-mer…

8.

COMME UN AVION SANS AILES

À quoi tient une carrière ? À quoi tient l'affectation d'un ministère à un homme politique ? Pas toujours à ses compétences ni à ses domaines de prédilection. François Baroin en sait quelque chose. Et ce n'est pas le seul. En mai 2005, alors secrétaire général de l'UMP et après une relativement longue traversée du désert, Chirac lui propose de faire son entrée au gouvernement. Normalement, il doit devenir ministre de l'Éducation. Fort de ses états de service sur la laïcité à l'école et de son engagement pour faire passer la loi sur l'interdiction du port du voile à l'école, il estime que cela a un sens. L'affaire est entendue avec le chef de l'État. C'est fait. Topé. François Baroin a même choisi son futur directeur de cabinet qui n'est autre que son meilleur ami Jean-Michel Blanquer, alors recteur en Guyane.

Seulement voilà, comme souvent à la veille d'un remaniement ministériel, quelques jours après sa première conversation avec Jacques Chirac, tout change. Les cartes sont rebattues. Nouveau coup de fil du président de la République. « Bon, j'ai un petit problème, explique-t-il à Baroin. J'ai besoin de centristes dans le gouvernement. Je voulais sortir Perben, qui était garde des Sceaux, mais il est candidat à Lyon et ça l'affaiblirait trop, donc je le garde. Je lui donne l'Équipement mais du coup je veux garder Robien et je pense à lui pour l'Éducation. Je sais que ça ne correspond pas à tes plans mais je veux que tu aies un truc bien, je te propose l'Environnement ou l'Outre-mer », explique Chirac dévoilant au passage combien l'élaboration d'un gouvernement et la nomination des uns et des autres sont souvent éloignées de leur capacité à exercer le job.

François Baroin, qui, depuis la mort de son père suite à un accident d'avion, évite le plus possible de se déplacer par les airs, ne met pas longtemps à répondre. Il se dit Outre-mer égale voyages en avion donc pas possible. Et choisit donc l'Environnement. « Tu es sûr de ton choix ? » demande Chirac. « Oui, vous savez moi monsieur le Président je n'aime pas l'avion… » Jacques Chirac regrette : « C'est dommage, parce que l'Outre-mer c'est l'un de mes deux-trois sujets de prédilection et puis c'est comme un petit Matignon. Tu y apprendrais beaucoup. Mais bon, d'accord. » François Baroin raccroche. Réfléchit. Et se dit que ce ministère de l'Environnement n'est peut-être pas celui qui lui convient le mieux, alors qu'il n'a pas caché ses réserves lors du débat autour de l'inscription, souhaitée par Jacques Chirac, de la Charte de l'Environnement dans la Constitution. Le chasseur qu'il est sent les ennuis venir et craint que localement cela coince. « Je me suis dit, ah la vache, ça va être compliqué, je ne suis pas sûr d'être totalement en phase avec ce que veut le président. » Pas gêné, le chouchou rappelle donc Chirac et lui expose ses états d'âme. « L'Outre-mer, c'est encore possible, tu es prioritaire… je crois que tu raison », lui répond Chirac, conciliant. Baroin est ravi. Il hérite d'un ministère de plein exercice sans avoir à nouveau à passer par la case secrétaire d'État ou ministre délégué et, cerise sur le gâteau, travaillera régulièrement avec Jacques Chirac. Seul hic : il est tétanisé à l'idée de devoir prendre souvent l'avion. Une fois en fonction, et dès que c'est le cas, il fait donc un gros travail sur lui. « Chaque fois que je prends l'avion, c'est la même chose. 24 heures avant je suis malade et il me faut 24 heures pour me remettre. Donc sur des voyages de deux jours, ça donne une idée de l'état physique dans lequel je peux me trouver », résume-t-il mi-figue, mi-raisin. Anecdotique ? Pas vraiment. Si François Baroin adore ce ministère, qui lui a permis de conserver aujourd'hui encore une réelle popularité dans les

DOM-TOM, chaque voyage a pour lui des allures de calvaire. « J'ai pris sur moi sur le plan physique à un point que personne ne peut soupçonner. » Et de se souvenir des étapes de ce chemin de croix : « En Polynésie, on a volé dans des petits avions, des savonnettes. Une fois quand je suis allé à la Réunion, cela a "tapé" pendant trois heures, on faisait des bonds. J'ai dû monter dans des super Pumas, des hélicoptères portes ouvertes au-dessus de la forêt de Guyane. Pendant trois heures, tu es sur la carte postale et tu attends d'être scotché comme une mouche. Chirac me charriait d'ailleurs dans l'avion, c'est haut, hein ? » Quiconque a la phobie des airs sait de quoi parle François Baroin. Chaque fois qu'il prend l'avion, il grimpe un petit Himalaya. « Ma fierté, c'est que je l'ai fait. Voilà. Il m'est arrivé de reprendre l'avion mais jamais pour des voyages de 24 heures. Parce qu'il faut que je m'en remette après. Je fais de tels efforts que ça m'épuise. » Déjà casanier quand il était petit, beaucoup moins attiré par les voyages que sa sœur, François Baroin avait cependant demandé à ses parents, comme cadeau d'anniversaire pour ses vingt ans, de passer son permis de pilote. Il avait abandonné ce projet après la mort de sa sœur. Alors, voilà. Voilà pourquoi les moqueries de Bruno Le Maire ou de son entourage qui a ironisé sur le fait qu'un ministre de l'Économie ait peur en avion l'ont rendu fou de rage. C'est comme ça. François Baroin est un vrai terrien qui n'aime pas plus l'eau que les airs. « Moi, c'est vraiment la terre, la forêt, les prés… Me baigner au large d'un bateau relève de l'exploit. J'ai l'impression que je vais plonger et je ne vais jamais m'arrêter, jusqu'au fond, ou que je vais me faire croquer par une saloperie qui passe en dessous. » Au fil des ans, Baroin, qui n'a pris l'avion qu'une fois avec ses enfants en vingt ans, a fini par prendre le parti de rire de ce handicap. Cela dit, il n'hésite pas une seconde quand survient le crash du vol 708 de la West Carribean Airways, le 16 août 2005. L'avion en provenance de Panama City, au Panama, était en route pour Fort-de-France. Il s'est écrasé dans un champ à l'ouest du Venezuela. Les 160 personnes à bord, passagers et membres d'équipage, sont toutes mortes. Elles étaient toutes originaires de la Martinique. C'est la plus grande catastrophe aérienne qui ait touché la France. À l'aéroport de Fort-de-France, les familles s'effondrent, éclatent en sanglots en entendant la liste des victimes lue par un député de l'île. François Baroin n'a pas besoin de décrypteur. Il connaît la sensation qu'éprouvent les survivants. Il n'a pas besoin de dessin. Le ciel qui vous tombe sur la tête, le sol qui se dérobe sous vos pieds. L'impression de basculer dans un autre monde. Lorsqu'il apprend la nouvelle, en vacances en Creuse, il décide de partir dans l'heure qui suit. Il se rend à Ducos, Saint-Esprit, François et Basse-Terre, villes toutes durement frappées par ce crash meurtrier. Puis assiste à une cérémonie de commémoration pour les victimes. Là-bas, les yeux rougis, visiblement ému, il s'arrête auprès de chacun. Réconforte. Compatit avec cet homme qui veut aller sur place pour raccompagner le corps de sa femme. « Vous voulez terminer le voyage avec eux », acquiesce-t-il.

Le rabbin Haïm Korsia, grand ami de Jacques Chirac, qui était sur place se souvient de lui à la cérémonie d'hommage national au stade de Dillon. « Il pleurait avec les familles des victimes. Les écoutait un par un, donnant une accolade à l'un, embrassant l'autre, les enveloppant. J'avais l'impression de voir Chirac lorsqu'il était venu à Orly pour réconforter les familles dont des proches avaient disparu lors de la catastrophe aérienne de Charm El Cheikh. »

9.

FILS AUX PÈRES

8 février 2011. Aujourd'hui, on « sort ». On prend l'air. « Le ministre souhaite dîner en dehors du ministère », m'a précisé Laurence, son assistante depuis toujours, celle qui probablement le connaît le mieux, au jour le jour. Dans ses petitesses et ses grandeurs. Ses coups de gueule et ses attentions. Rendez-vous est pris au Récamier, un restaurant du VIIe arrondissement de Paris. Quand j'arrive, il est déjà installé. Au milieu de la salle. « Ah, nous avons monsieur Baroin parmi nous », s'étonne le serveur qui n'avait pas reconnu le ministre. « Monsieur Baroin » a l'air contrarié. « C'est le rendez-vous mondain ici », maugrée-t-il en découvrant la salle de ce restaurant, rendez-vous des éditeurs et des politiques, et qui s'est spécialisé depuis qu'il a été rebaptisé La Cigale dans la préparation de soufflés en tous genres.

Il balaie la salle d'un coup d'œil circulaire. Derrière nous une journaliste de *Paris Match*, dans le fond Ivan Levaï qui, selon Baroin, ne lui parle plus depuis qu'il lui a enlevé la présidence de LCP. Jean-Louis Debré qui dîne à une table un peu plus loin vient nous dire bonjour. Il embrasse affectueusement « François ». Lui, ce n'est pas pareil. Il est comme Baroin l'un des membres d'honneur d'une même confrérie qui se rétrécit comme peau de chagrin au fil des ans : celle des chiraquiens. Pas circonstanciels. Essentiels. Consubstantiels même. François Baroin est en petite forme. Il évoque cette fatigue inexpliquée qu'il ressent comme chaque année à la même époque, au moment de la date anniversaire de la mort de son père, le 4 février, neuf mois après la mort de sa sœur Véronique. Il parle de la brutalité de ces deux décès. Du poids de la culpabilité qu'il a eue pendant longtemps concernant sa sœur, décédée le jour de la catastrophe de Tchernobyl. Il parle aussi de la souffrance de voir sa mère souffrir. « Y a-t-il pire drame que de perdre son enfant ? » Sa sœur, de deux ans son aînée, faisait du théâtre. Le soir de sa mort, elle jouait dans une pièce avec Jean-Michel Blanquer et avec Luc Chatel. Quand on a appris l'accident à François Baroin, il était à une soirée. Il a voulu se précipiter. On lui a dit, c'est trop tard. Voilà. Il est un peu las. Une fatigue qui s'explique aussi par son rythme de travail. Lui que l'on a longtemps dépeint comme un politique un brin dilettante un poil cossard a mis le turbo depuis qu'il est à nouveau entré au gouvernement. Entre ses fonctions de porte-parole du gouvernement, qui exigent d'être à tout moment au courant de l'évolution de tous les dossiers chauds, celles de ministre du Budget et de maire de Troyes, il a peu de place pour la distraction. Il est parfois debout à 6 heures du matin pour faire des radios ou des télés. Et le soir, il travaille souvent une heure après le dîner. Sur ses dossiers de Bercy et les dossiers sur lesquels il peut être interrogé comme porte-parole. « Samedi dernier, dit-il, je me suis endormi à 22 heures. » Digne héritier de Chirac, il commande des rognons. Avant qu'ils n'arrivent sur la table, on évoque le sujet du moment. Prenant prétexte de l'approche du procès des emplois fictifs de la mairie de Paris, le *Journal du Dimanche* a publié, quelques jours auparavant, le 30 janvier 2011, un article qui a fait beaucoup de bruit sur la santé de Jacques Chirac. Le journal a même cité une source évoquant la maladie d'Alzheimer. Évidemment, et comme à chaque fois qu'il parle de Jacques Chirac, Baroin n'est pas vraiment crédible. Car trop engagé. Concerné. Lui qui fait partie des rares proches à voir encore régulièrement l'ex-président de la République n'est jamais totalement objectif quand il parle de lui. Et, là, il est un peu sous le choc. « Je ne pensais pas que cela serait aussi cash. Lâcher comme ça

Alzheimer, c'est assez cruel. D'autant que ce n'est pas vrai. » Et le ministre de continuer, vaguement écœuré, « on n'a pas le droit, à la une d'un journal, et même s'il s'agit d'un ancien président de la République de nourrir une telle rumeur sur sa santé. C'est insupportable. Il faut revenir à la raison et à des questions de principe. Dire par l'homme qui a vu l'homme qui a vu l'homme qui a vu Bernadette, que Jacques Chirac serait atteint d'Alzheimer, c'est quand même lui manquer de respect ». « Choqué », François Baroin a immédiatement cherché à joindre l'ancien chef de l'État qu'il n'a eu en ligne que le lendemain. « Quand je l'ai questionné sur cet article, il est parti dans un grand éclat de rire. Sur le thème "maintenant, on dit que je suis gâteux, comme on aura tout dit ce n'est pas très grave. Ça m'en touche une sans faire bouger l'autre". » On feint de croire à cette version s'appuyant sur la mythologie chiraquienne pour prétendre que tout va très bien madame la Marquise. Mais on sent bien que François Baroin a du mal à reconnaître que son héros puisse tomber de son piédestal, être victime, lui aussi de l'outrage des ans. Certes, reconnaît-il, Jacques Chirac n'est plus exactement ce qu'il était. Cette boule d'énergie incroyable, cet insatiable appétit pour tout – le pouvoir, les femmes, la bonne bouffe bien roborative, la bière –, s'est émoussé. « Oui, concède-t-il, c'est évident, Chirac a vieilli. On n'a pas mesuré les conséquences de son AVC [accident vasculaire cérébral] qui l'a probablement beaucoup fatigué. Il a puisé dans son capital énergétique pour les derniers mois qui lui restaient à l'Élysée. Cette énergie qu'il a dépensée pour conserver dignement son pouvoir, il ne l'a plus. Mais pour autant c'est un homme lucide, drôle, très subtil, qui fait l'âne pour avoir du son quand il s'agit de parler politique. Qui fait semblant d'avoir oublié le nom de tel ou tel ministre, fût-il le plus important. » Têtu, la tête dans le sable, François Baroin refuse de voir la vérité en face. « J'ai du mal aujourd'hui à savoir quelle est, chez lui, la part de fantaisie et la réalité d'un désintérêt. » Il assure être frappé de constater que Chirac est capable de raconter dans le détail ce qui s'est passé avant l'Élysée. Ses rencontres avec Malraux, ses souvenirs des années 1970-1980. Se rassure en affirmant que de toute façon l'ancien chef de l'État « se contrefiche profondément de ce que l'on peut dire ou écrire sur lui ». « Cette affaire d'état de santé ça a dû l'énerver la première heure et après il s'en est foutu et d'une certaine manière cela lui a redonné un peu d'énergie. Je l'ai vu le jeudi d'après et je l'ai trouvé plutôt en forme. Je reste convaincu qu'il est un peu comme une vieille dame ou une grand-mère qui feint d'être sourde parce qu'elle n'a pas envie d'entendre alors qu'elle entend très bien mais elle n'a plus envie de participer aux conversations de famille autour de la table. Il y a un peu de ça, il y a même parfois beaucoup de ça. Il fait un peu de “provoc” aussi. Même si parfois, il y a des moments où, c’est vrai il est un peu plus fatigué. » François Baroin parle, parle. Il se berce de paroles. Et d’illusions. Il a du mal à regarder la vérité en face. Ces quelques mots sont un peu comme une déclaration d’amour. Aveugle. Le témoignage affectueux de l’un de ces fils que Chirac a semés de-ci de-là, au fil des ans. Même si parfois Baroin s’agace de la valise de poncifs qui accompagne cette étiquette qu’on lui a collée à tout jamais de fils adoptif de Chirac, c’est ainsi, il restera à tout jamais un fils de Chirac. À dire vrai, il n’est pas seul dans ce cas. La famille adoptive de l’ancien président de la République est plus large qu’on ne le pense. Elle est composée de fils d’un premier lit politique comme Alain Juppé, Jean-Louis Debré, de fils plus récents comme Dominique de Villepin mais aussi de fils rebelles comme Philippe Séguin ou Nicolas Sarkozy. Eh oui, une grande famille dont la taille a varié en fonction des aléas politiques mais aussi des souhaits d’émancipation des uns et des autres, et de leur âge aussi. François Baroin n’est pas dupe. Il le sait bien. La main sur le cœur, emporté par son sentimentalisme, et aimant faire plaisir, le vieux lion, ogre souriant et sentimental, a dit plus d’une fois, dans le huis clos de son bureau, le regard humide et la voix ferme, à certains de ses fidèles « tu es comme un fils ». L’attention aux autres a longtemps été chez lui un mode travail, une méthode de gouvernement permettant d'exploiter en douceur ses proches et ses fidèles. Durant de longues années, Chirac s'est comporté en manipulateur jovial et sentimental, ayant du mal à travailler avec ses collaborateurs sans teinter immédiatement ses relations d'une affectivité parfois sincère mais souvent mécanique.

La différence, il est vrai avec François Baroin, c'est qu'au soir de sa vie, et après avoir endossé des années durant des filiations plus ou moins fictives, Jacques Chirac assume l'existence de liens d'une telle nature avec le maire de Troyes. « À la suite du drame qui a coûté la vie à son père, j'ai pris, en quelque sorte, François sous mon aile pour le conseiller, l'aider, le soutenir, l'orienter. Nous sommes devenus peu à peu très proches. Plus qu'un soutien, plus qu'un ami, François est devenu comme un fils. Nous avons donc partagé beaucoup. Des déjeuners, des dîners. Des joies. Parfois des peines, aussi », raconte le vieux président à l'été 2011. Jacques Chirac n'en dira pas beaucoup plus. François Baroin ne se laissera pas aller non plus à évoquer des souvenirs plus intimes. Les fous rires, ce goût commun pour les blagues gaillardes et paillardes – « ça l'a toujours fait rire » –, ces déjeuners réguliers, ces blagues un peu lourdingues. Comme celle-ci au moment de la naissance du fils aîné de François Baroin. Chirac l'appelle :

— Ah, génial ! Alors ça y est, c'est bon ? Tu as un couillu ? Ah très bien, alors tu l'as appelé comment ?

— Jules, répond Baroin.

— Ah oui, très bien, mais alors comment il s'appelle ?

— Je viens de vous le dire, c'est Jules.

— Non mais son prénom, son vrai prénom c'est quoi ? insiste Chirac.

— C'est Jules.

— Mais Jules ? continue Chirac, plié de rire. Tu ne l'as pas appelé Jules ! ? Passe-moi le Jules cela veut dire j'ai envie d'aller pisser. C'est super, oui c'est à l'ancienne pourquoi pas.

François Baroin sourit. « J'ai ri mais j'ai ri ! Il était super en forme à l'époque, c'était tellement drôle. » Mais le plus convaincant est encore de voir ces deux-là ensemble. Chirac, qui parle du père de François, Michel Baroin comme « d'un ami très proche à qui il téléphonait presque tous les jours », a sur le jeune homme un regard protecteur et amusé. « Il a toujours veillé sur François de près ou de loin », témoigne sa fille Claude Chirac. Ce n'est d'ailleurs pas un hasard si la seule fois où le clan Chirac (Jacques et Claude) a accepté de témoigner dans un documentaire c'était pour François Baroin, dans le cadre de la série « Un maire, une ville ». La caméra avait ainsi attrapé quelques images d'un Chirac recevant son protégé dans son bureau de l'Élysée et lui passant la main dans la tignasse avant de s'interroger comme un papa poule « Tu n'as pas de manteau ? » Ce que partagent également ces deux-là c'est l'expérience de la souffrance, les épreuves endurées, les drames qu'impose la vie. Pour François Baroin, la mort de la sœur et du père. Pour Jacques Chirac, la maladie de sa fille, Laurence, longtemps tue. « Chirac et nous on parle un peu la même langue », résume Michèle Baroin. La langue de la communauté des écorchés vifs qui se reconnaissent sans même avoir besoin de dire un mot mais préfèrent, souvent, se murer dans le silence plutôt que d'étaler leur souffrance.

Manière d'entretenir des liens déjà tissés à l'occasion de déjeuners ou de verres réguliers, après son départ de l'Élysée, le président s'est rendu plusieurs fois à Troyes. Notamment avant l'été, en 2011. Pour aller dédicacer le deuxième tome de son livre à la FNAC de la ville. Il était de bonne humeur, vraiment content d'y aller témoigne son attachée de presse Bénédicte Brissart et pendant tout le trajet il n'a cessé d'appeler Baroin pour lui dire qu'il trouvait la route longue : « Quand est-ce qu'on arrive ? Qu'est-ce que c'est loin ! » Accompagné de sa fille, il a été reçu par le maire de Troyes et sa compagne Michèle Laroque, qui, lorsqu'elle rend visite à Claude, dans les locaux de la Fondation Chirac, passe parfois une tête dans le bureau du président. Pour autant, malgré ces liens très étroits encore renforcés depuis qu'il est avec la comédienne, grande amie de Claude Chirac, François Baroin n'estime pas être à proprement parler un intime de Jacques Chirac qu'il appelle toujours « Monsieur le président » tandis que l'ancien chef de l'État le tutoie. Il n'est jamais parti en vacances avec lui. Il considère Claude comme une bonne copine mais est toujours resté dans la limite extérieure du vrai cercle intime, du noyau dur de la chiraquie, en réalité constitué de trois personnes, le vrai clan Chirac : c'est-à-dire Jacques, Claude et Bernadette. Pas intime peut-être mais qui, d'ailleurs, en dehors de sa femme et de ses filles, peut estimer l'être ? Qui a vraiment percé à jour la personnalité de cet homme qui semble s'être caché toute sa vie derrière des masques successifs ?

Plus qu'un véritable confident ou un deuxième père, Jacques Chirac reste donc comme une figure tutélaire et protectrice pour François Baroin. Un homme qu'il connaît depuis qu'il est enfant. Lorsqu'il venait au domicile de ses parents. « Quand j'étais petit il était pour moi un géant, un homme immense avec un bon regard, une tête super gentille. La première fois qu'il est venu à la maison je lui ai demandé un autographe. J'avais neuf ans. Ma mère m'avait dit que c'était quelqu'un d'important. Qu'il était Premier ministre. J'avais sorti mon carnet d'autographes avec un Snoopy dessus. Un mois avant j'avais eu Micheline Dax. Chirac m'avait fait un gros bisou et m'avait demandé comment je m'appelais, se souvient ému Baroin. Il a écrit pour François. » Chirac, c'est celui qui l'a pris sous son aile après la mort de son père. C'est celui qui l'a fait entrer en politique. Qui lui a offert une circonscription sur un plateau d'argent, puis lui a permis d'entrer au gouvernement en 1995, puis après en 2005.

Peut-être l'ancien président retrouve-t-il un peu, chez François Baroin, le jeune homme qu'il était et qui plaisait tant aux femmes. Autres temps, autres mœurs. On comparait Chirac à Cary Grant et on compare Baroin à Harry Potter. Néanmoins, il existe bel et bien entre les deux des points communs. Comme Chirac, enfant de la laïque, rad-soc et petit-fils d'instituteurs, Baroin, fils d'un éminent franc-maçon ancien commissaire de police et petit-fils d'un gardien de la paix, est par certains côtés un vrai conservateur. Comme Chirac, il déteste les dîners en ville tout en cultivant l'air de rien des réseaux efficaces. Comme Chirac, aussi, François Baroin pratique souvent une langue de bois roborative et dans le même temps emploie des mots un peu désuets, d'un autre temps. Chirac parle d'un « pétarou » pour un scooter. Baroin utilise souvent des expressions surannées. Pour retirer de l'argent, il va « à la tirette ». Il aime les maximes un brin vieillottes. Comme Chirac, c'est un être pudique. Cadenassé à double tour. Certains trouvent qu'il y a même des ressemblances physiques entre le jeune Chirac, le hussard à belle allure, gravissant à grandes enjambées les échelons de la réussite, et François Baroin aujourd'hui.

François Baroin fait en tout cas depuis quelques années déjà partie de la famille. Et comme dans une famille, il y a parfois des rivalités, des concurrences plus ou moins tues. Avec des aînés parfois trop envahissants.

« Au départ, s'amuse son ami l'avocat Francis Szpiner, François Baroin était un peu comme le fils cadet à propos de qui on se demande ce que l'on va bien pouvoir faire de lui, et puis, en comparaison avec d'autres fils, comme Villepin et Juppé, il apparaît aujourd'hui paradoxalement comme le plus politique des trois. » L'avenir le dira. Cependant, quoi qu'il advienne, et pas seulement parce qu'il estime depuis longtemps déjà que c'est « probablement le meilleur d'entre nous », Jacques Chirac a toujours pensé que celui qui était en mesure de lui succéder un jour à l'Élysée, c'est Alain Juppé. Lorsqu'en marge d'une visite du musée de Sarran, en juin 2011, il déclare – ce qui provoque un mini-drame à l'Élysée – qu'il votera pour François Hollande, sauf si Alain Juppé se présente, Jacques Chirac ne pratique pas l'humour corrézien, comme cela a été avancé, mais dit le fond de sa pensée. Quelles que soient l'affection et l'estime qu'il porte à François Baroin, qu'il a mis du temps à voir grandir, quelles que soient ses déclarations louangeuses,

Alain Juppé restera pour lui le dauphin naturel. Chirac pourrait chanter, comme Marilyn « *my hart belongs to Juppé* ». Il l'a prouvé à de nombreuses reprises. Et il n'a pas hésité, quand il l'a fallu, à laisser tomber son protégé viré en même temps que les jupettes – « on a dégagé les femmes et les enfants », constate alors Baroin amer –, en 1995. À l'époque, Jacques Chirac ne prend pas encore vraiment au sérieux le petit Baroin. Un jour, il lui rappellera même lors d'une réunion de campagne, « tu n'es plus un journaliste, François, maintenant, tu es un politique ». À l'époque, en fait, l'autre héritier qui compte après Juppé, bien sûr, c'est Hervé Gaymard, beaucoup plus conforme à l'image du parfait homo politicus selon Chirac : un énarque sachant écrire et qui le rassure.

Bien que ne jouant pas du tout dans la même cour, Baroin et Juppé vont d'ailleurs vite s'opposer. Tout d'abord, petite blessure narcissique, parce qu'Alain Juppé n'offre pas à l'ancien porte-parole de campagne le poste de ministre de la Communication, mais seulement celui de porte-parole. Une nouvelle que le Premier ministre lui annonce par un coup de fil glacial : « Je voulais m'assurer que tu acceptais d'être secrétaire d'État auprès de moi et porte-parole. » Baroin marque un silence. Pense très fort « tu te fous de ma gueule », mais avale la pilule. Ensuite à cause d'un petit incident révélateur qui survient très rapidement après la constitution du gouvernement. On est en mai 1995. Et c'est un tandem juppéiste qui est aux manettes des deux côtés de la Seine. Maurice Gourdault-Montagne est directeur de cabinet d'Alain Juppé à Matignon et Dominique de Villepin est secrétaire général de l'Élysée. Tous deux diplomates, ils estiment tout savoir de la gestion des crises au sommet de l'État et s'entendent comme larrons en foire. La veille du premier Conseil des ministres, le 21 mai 1995, Maurice Gourdault-Montagne envoie, comme c'est la tradition, le texte du compte-rendu du Conseil des ministres à François Baroin, devenu porte-parole du gouvernement, puis l'appelle pour lui dire que ce compte-rendu se tiendra à Matignon. Baroin s'étonne : on n'est plus en période de cohabitation, il n'y a aucune raison que la conférence de presse du porte-parole du gouvernement se déroule à Matignon et non pas à l'Élysée comme c'est l'usage. Il téléphone alors à Villepin qui lui dit que c'est convenu comme cela et qu'il « n'y a pas l'épaisseur d'une feuille de cigarette entre le Premier ministre et le président de la République ». Baroin, intrigué, appelle cependant Jacques Chirac qui refuse que l'on déroge à la tradition. Et, afin que les choses soient bien claires, dicte au porte-parole du gouvernement les termes d'un communiqué pour l'AFP. La réaction ne se fait pas attendre. Une heure après c'est Alain Juppé qui, cette fois, téléphone au benjamin du gouvernement pour lui signifier en substance qu'il ne survivra pas au prochain remaniement. Une prédiction qui se réalisera sans que Jacques Chirac cherche à protéger son poulain. Baroin se souvient de cet épisode. « Oui, Juppé a dit, celui-là je vais me le faire. Il voulait ma peau. Normal : j'avais pointé du doigt ce qui était l'amorce d'un glissement de pouvoir de l'Élysée vers Matignon », la mise en place d'un système de tutelle des juppéistes sur l'ensemble de l'appareil d'État. « Les premiers mois au gouvernement ne se sont pas trop mal passés, même si Alain Juppé était très difficile d'accès et même si la communication était tellement plombée qu'il était très difficile d'avoir des informations. Je n'ai pas tout de suite compris que ce qui se tramait en fait c'était une entreprise méthodique d'élimination des chiraquiens qui pouvaient avoir de l'influence directement auprès de Jacques Chirac. Les juppéistes ont voulu se payer Ulrich, Albanel, Jean-Pierre Denis, Claude Chirac, moi, bref tous ceux qui avaient été au cœur de la campagne et de la traversée du désert de Jacques Chirac. » Évidemment, et même si le président de la République lui offre, après son éviction du gouvernement, un petit placard doré de conseiller à l'Élysée, entre Juppé et lui il n'y a pas photo. Le rapport de forces n'est évidemment pas en sa faveur. François Baroin est un puceau politique et Alain Juppé, pour Jacques Chirac, le deus ex machina de ce début de septennat.

Sorti du gouvernement en même temps que les « jupettes », François Baroin est un peu KO debout. C'est son premier coup dur en politique. Sa première défaite. Mais, assure-t-il aujourd'hui, « au fond, Alain Juppé m'a rendu un énorme service parce qu'en réalité je suis devenu un homme politique à ce moment. Cela m'a permis de comprendre énormément de choses et le mythe Juppé s'est effondré. Il est devenu pour moi un interlocuteur banal ». Oui, enfin il dit ça, il fait le fier, François Baroin. Mais il n'adressera plus la parole à « cet interlocuteur banal » pendant… sept ans. Et, après l'échec de la dissolution du 21 avril 1997, décidée avant tout selon lui « pour mettre au pas les balladuriens qui continuaient à régler leurs comptes à l'Assemblée après leur défaite de 1995 », il sera de ceux qui pensent qu'il doit « y avoir une morale de l'histoire : que le clan Juppé qui avait entraîné Chirac dans la défaite en deux ans devait payer ». C'est à cette époque que François Baroin, qui reconquiert dans la foulée son siège de député de l'Aube, se rapproche « sur le fond et la forme » de Philippe Séguin et de Nicolas Sarkozy.

Pour le reste, la brouille avec Alain Juppé ne change pas la nature des ses relations avec Jacques Chirac qu'il continue à voir une fois par mois. Suite à cette nouvelle cohabitation, survenue après une baroque dissolution de l'Assemblée nationale, le roi est nu. On traite Chirac comme un convalescent. Et ce n'est pas un hasard si son premier déplacement en province après la défaite historique des législatives de 1997 a lieu à... Troyes. Le président y prononce un discours où, ultime arme dont il dispose, il se pose en « maître du temps ». Une expression soufflée par François Baroin, grand joueur d'échecs devant l'éternel et qui sait jouer de son rapport apaisé au temps, mais dont Dominique de Villepin, alors secrétaire général de l'Élysée, revendique aussi la paternité.

Même dans ces moments difficiles et alors que beaucoup pensent que Chirac a définitivement perdu la main, Baroin – qui avec quelques-uns, Jean-Louis Debré, Henri Cuq, Renaud Muselier, Guy Drut, Philippe Briand, organise la résistance à l'Assemblée où il a été réélu – ne critique jamais « le Grand ». C'est inconcevable. Tabou. Quoi qu'il advienne, il garde un véritable respect pour l'homme, son parcours. À ses yeux, Chirac est une sorte d'icône, « un chef de meute attachant qui a réussi à créer une espèce de capital affectif incroyable avec des gens de générations différentes. Parce qu'il a une vraie passion de l'autre ». Et Baroin de s'émerveiller comme un groupie enamouré : « Chirac a donné leur chance à tellement de gens. Il a mis le pied à l'étrier à tellement de personnes. En fait, et je l'ai compris assez tardivement, son bonheur c'est que les gens fassent de la politique. Son plaisir c'est que les gens servent l'État. Un jour, se souvient-il, il m'a sorti une phrase qui m'a marqué : "Le pays t'a donné énormément et il faut que tu lui rendes." Ce n'était pas un conseil, c'était plutôt un peu comme un ordre. En fait, s'emballe-t-il, on tend à oublier que Jacques Chirac a fait la carrière d'énormément de personnes tout simplement parce qu'il trouve que c'est bien de faire de la politique. » François Baroin parle ce jour-là avec une espèce de jubilation, voire d'exaltation, il joue la version bisounours de la légende chiraquienne. Mais, clairement, son admiration pour l'ancien chef de l'État est avant tout humaine. Et politique. Le successeur de François Mitterrand lui a transmis quelques règles de survie en politique, quelques principes simples : « On ne parle jamais de son adversaire, on impose ses thèmes, on déplace les lignes, il ne faut pas réagir à chaud, et une règle d'or : la ténacité. » Cela dit, l'ex-président n'est pas son modèle. Ce n'est pas pareil. C'est en effet Georges Pompidou qui est, selon Baroin, l'homme politique idéal. Il admire tout chez lui : « C'était un homme complètement de son temps, qui venait de l'histoire, l'écrivait. J'aimais son côté naturel, sa gueule, son regard, sa culture, sa capacité à prendre sa voiture en douce pour aller fumer une cigarette. » Mais malgré tout, François Baroin est incapable de faire preuve d'une once de recul ou d'objectivité vis-à-vis de « son » Jacques

Chirac. Ainsi, quand on lui demande s'il n'a jamais suspecté chez Chirac une sorte de clientélisme à grande échelle, d'automatisme dans la générosité, il s'emporte : « Et quand bien même ! Et quand bien même il aurait rendu service à des fins électorales ou pour se créer des structures d'affidés ! Après tout, il aura aidé des gens qu'il ne connaissait même pas, il aura permis à certains de servir l'État, de servir la politique, sa famille politique. Quand bien même ce procès en sorcellerie sur le cynisme, l'aigreur, le calcul politicien ou l'absence de sincérité ! À l'arrivée, Chirac est un homme politique qui aura aimé les autres. Toute sa vie. » À entendre ainsi François Baroin s'enflammer quand on ose évoquer la possibilité que son héros ait quelques défauts, on se demande en fait comment, après les mots très durs qu'a eus Nicolas Sarkozy à l'égard de son prédécesseur – en parlant notamment à son sujet de « roi fainéant » en 2009 –, François Baroin a pu se mettre au service de celui-ci. Il assure que cela n'a jamais posé de problèmes et qu'il n'y a pas eu de moments tendus entre Nicolas Sarkozy et lui à ce sujet pour la simple et bonne raison qu'ils n'en auraient jamais parlé. Une affirmation que l'on peine à croire tant encore aujourd'hui le président de la République laisse parfois échapper des réflexions peu amènes sur l'ancien président, qui, avec l'âge et la maladie, se rapprocherait de plus en plus du personnage trivial qu'il a toujours connu en privé. « En fait, estime Baroin, Nicolas Sarkozy est ambivalent. Chirac restera toujours pour lui un monument d'énergie, une force. Mais, depuis 1995 et la candidature de Balladur, il reste convaincu qu'au fond Jacques Chirac est un homme méchant. Moi je pense que c'est exactement le contraire. J'ai vu cet homme faire des actes gratuits, faire preuve d'une véritable humanité sans le faire savoir. »

Au fil de nos entretiens et au fur et à mesure que l'état de santé de l'ancien chef de l'État se détériore, François Baroin servira systématiquement une version sulpicienne de la légende chiraquienne. Refusant d'écorner le mythe en employant les mots crus de certains pour décrire un Jacques Chirac qui, désormais totalement « défiltré » selon l'expression de Bernadette Chirac, multiplie les provocations. Comme cette réflexion qu'il lance à une dame un peu forte, placée à côté de lui dans un dîner parisien : « Ah non pas ce boudin ! » Comme le relate Éric Mandonnet[1], Chirac n'a plus de limite. Il lance à sa pieuse épouse « moi j'ai toujours été pour les francs-maçons », demande à un ancien ministre « tu bandes encore ? » et à un autre « tu es toujours pédé ? » Rien à voir avec le Chirac décrit par François Baroin qui restera toujours pudique et respectueux. Ne se laissant pas aller comme

1. *L'Express*, 16 février 2011.

d'autres au petit jeu des confidences, ne livrant pas d'anecdotes croustillantes pour « acheter » la bienveillance des journalistes qui le questionnent. Non, fidèle, forcément fidèle, Baroin ne lâche rien mais un jour tout de même il laisse percer son émotion.

On est en septembre 2011. Dans son bureau de ministre de l'Économie, à Bercy. Un drôle de bureau avec de la moquette zébrée noire et blanche au sol et les plafonds en miroir (vestiges de la décoration de Christine Lagarde, partie au FMI). Je l'interroge sur les dernières images que l'on a vues du vieux président et aussi sur ce diagnostic d'anosognosie qui a été posé et le dispense d'aller témoigner au procès des emplois fictifs de la mairie de Paris. On est en pleine crise financière. Les rumeurs les plus alarmistes les unes que les autres se succèdent – on parle de dégradation de la note de la France, d'explosion du système, de l'euro – mais, là, pour une fois, et non sans avoir évoqué auparavant la situation économique et notamment « la bourde » de Christine Lagarde qui a introduit le doute sur la capacité en fonds propres des banques françaises, François Baroin lâche prise. Il a des larmes dans la voix. Est visiblement ému. Avoue que oui, il est attristé de voir Chirac, « son » Chirac, comme cela. Affaibli. L'ombre de lui-même. « Cela me fait de la peine de le voir marcher comme ça, cela me fait de la peine de le voir décliner. Je pense à Claude, à

Bernadette. » Il raconte que la dernière fois qu'il l'a vu, il était très drôle, mais qu'il a eu le sentiment qu'il essayait de se concentrer pour lui parler. « Cela fait plusieurs mois, déjà, qu'il prend un autre chemin. J'ai l'impression qu'il est en haut de la colline, que le soleil se couche et que l'ombre grandit. » Et le ministre d'ajouter, la voix presque cassée par l'émotion « je pense qu'il est en train de lâcher même s'il y a encore des choses qui le rattachent à la vie ». Pense-t-il parfois à la mort de l'ancien président, l'envisage-t-il ? « Je ne veux pas y penser. C'est douloureux. C'est l'instant présent qui compte. C'est l'instant présent qui a toujours compté pour lui d'ailleurs. » Les larmes ne sont pas loin. Et soudain on pense au jeune Jacques Chirac, ministre de l'Intérieur du gouvernement Messmer, le dernier gouvernement de la présidence Pompidou, qui refusait de voir la maladie de Georges Pompidou et qui fut si touché lors de la disparition de son bienfaiteur.

10.

INITIATION

La politique est-elle un métier ? En tout cas François Baroin abandonne le journalisme pour s'y consacrer à temps plein. Une vocation ? Un appel irrésistible. Pas vraiment. Pas distinctement encore en tout cas. Une tentation plutôt, ou une inclination familiale. François Baroin n'est en effet pas né avec, chevillée au corps, l'envie de « faire » de la politique. D'être élu. L'élu. Le cheminement a été plus long. Sinueux. Déterminé avant tout par une route plus accidentée que prévu. François Baroin s'est engouffré en politique pour combler des manques. Dans une quête d'absolu, une sorte de course effrénée. Pas tant pour battre des adversaires incarnés. Mais pour combattre ces ombres qui habitent ce faux techno qui cite Malraux pour expliquer son engagement en politique : « La politique est avec l'art et la religion le plus sûr moyen d'échapper à la mort. » Chez d'autres la citation peut faire sourire, chez lui elle prend du sens.

Jeune homme, François Baroin ne vouait pas, comme Jean-François Copé, un culte au général de Gaulle, il ne draguait pas les étudiantes en leur disant qu'il allait devenir président de la République. Son père, Michel Baroin, pensait que son fils pourrait être diplomate mais politique, ça non. Ce monde-là, et certaines de ses figures emblématiques et médiatiques, lui était pourtant familier. Il voyait certaines stars politiques dans le salon de ses parents. Mais c'était normal. Dans l'ordre des choses. Comme pour Jean-Louis Debré qui raconte souvent que pour lui il était presque naturel de descendre la rampe de l'escalier de Matignon. Michel Baroin n'était certes pas un homme politique d'envergure nationale. Mais il en avait l'ambition. « C'était un politique rentré », selon François Baroin. Quand il est mort accidentellement, Michel Baroin était en effet, outre ses fonctions à la tête de la GMF, maire et conseiller général de Nogent-sur-Seine. Il avait aussi été chef de cabinet d'Achille Peretti et d'Edgar Faure, et sous-préfet de l'Aube. Rien de très visible. Mais une solide assise locale qui, assortie au sentiment d'être parvenu à transformer la GMF en petit empire, pouvait lui donner le désir de s'accomplir désormais ailleurs. De servir son pays. D'aucuns disent que cet homme, qui avait su tisser au fil des ans de solides réseaux dans des milieux très variés, se voyait même un avenir présidentiel. Dans la maison familiale, les dîners se succédaient en tout cas avec des « gens qui comptent ». Des intellectuels, des membres du CSA, des éditeurs, des politiques. Ce que certains appellent des « dîners de têtes », organisés cependant dans une ambiance bon enfant. On pouvait y croiser Hervé Bourges, président de TF1 et grand ami de l'Afrique – « un tiers mondain, deux tiers mondiste » –, Max Théret, cofondateur de la FNAC et ancien résistant mais aussi Michel Rocard, Jacques Chirac, Pierre Bérégovoy ou Pierre Mauroy. « Mon père avait beaucoup de copains à gauche, il était très pote avec Rocard, il était pote avec des mecs comme Hernu, Mauroy… Et il s'entendait très bien avec Mitterrand et avec Chirac », se souvient François Baroin. En général, les enfants étaient autorisés à venir à l'apéritif, mais à l'époque, c'est la sœur de François Baroin, Véronique, qui était plus impliquée quand on parlait « politique ». Qu'importe. La politique, les politiques faisaient partie du décor. Avec quelques acteurs plus familiers que d'autres. Comme Jacques Chirac, bien sûr, mais aussi Edgar Faure « au même niveau que Chirac dans l'univers familial ». François Baroin se souvient de dîners chez ses parents où le président de l'Assemblée nationale jouait du piano jusqu'à 2 heures du matin. L'ancien ministre, personnage truculent et bon vivant de la IVe et de la Ve République, avait remplacé Michel Baroin, après sa mort accidentelle, à la tête de la Mission du bicentenaire. Et c'est tout naturellement que le jeune homme, déjà sur les traces de son père, est allé travailler avec cette figure familière, ce grand séducteur devant l'éternel, qui aimait bien s'entourer de jeunes collaborateurs, manière de se ragaillardir. En plus, cela avait un sens pour le jeune François. C'était un peu comme un passage de relais. Edgar Faure avait été le dernier patron de Michel Baroin à l'Assemblée nationale, avant qu'il ne rejoigne la GMF. Et il devenait le premier patron de son fils. François Baroin se souvient qu'il lui est arrivé de conduire le vieil homme indigne dans sa petite Fiat 126 où il prenait place avec délectation, toujours coiffé de son fameux couvre-chef noir. Manière de « se faire la belle ». De semer ses gardes du corps et ignorer les conventions. Le vieil homme qui appréciait le père de François – « j'ai toujours eu des collaborateurs sinistres sauf votre père », lui dit-il un jour – s'était pris d'affection pour le jeune homme. L'associant à pratiquement toutes ses activités, ses réunions, ses dîners. Au côté de ce personnage haut en couleur, avocat, procureur à Nuremberg, treize fois ministre sous la IVe et la Ve République, ancien président du Conseil qui négocia la décolonisation de la Tunisie et du Maroc, académicien aussi, Baroin est à bonne école. Avec son intelligence brillante, ses bons mots, son sens de l'autodérision et son fameux zozotement – « mon Ser Baroin », lui disait-il – le jeune homme est en formation accélérée. Edgar Faure lui apprend quelques règles de base : « L'art de ne pas se prendre au sérieux, de savoir être détaché, l'humour et la nécessité d'avoir du fond. » C'est à cette époque qu'il fait la connaissance d'Yves Marek, directeur de cabinet d'Edgar Faure à la Mission du bicentenaire. Le président de l'Assemblée nationale lui présente son nouveau jeune collaborateur en ces termes : « Voilà, je vous présente François Baroin, je compte sur vous pour tout lui expliquer. Il veut faire une Déclaration des droits et devoirs du citoyen. Moi je trouve ça ringard. Je veux que vous lui expliquiez. » Drôle d'équipage. Yves Marek et François Baroin ont l'un et l'autre avec Edgar Faure des relations qui s'assimilent à celle de petits-enfants avec leur grand-père. L'ancien président de l'Assemblée nationale fait office pour ces deux-là de figure tutélaire et protectrice. Le père d'Yves Marek, arrêté par Ben Ali en 1986, était sorti de prison grâce à l'entremise d'Edgar Faure ; celui de François Baroin avait travaillé à ses côtés. Les deux jeunes hommes, en apparence si différents, se rapprochent donc naturellement. Et lorsqu'après la mort d'Edgar Faure, leurs routes professionnelles divergent – l'un devient journaliste à Europe 1, l'autre au service de l'Afrique francophone –, ils demeurent proches. Marek vient passer des vacances en Creuse dans la maison familiale. Et lorsque François Baroin se présente en 1992 aux législatives, à Troyes, Yves Marek est là s'occupant de la rédaction des discours, des réponses aux journalistes.

On n'en est pas là, nous sommes en 1987. François Mitterrand est président de la République et son Premier ministre est toujours Jacques Chirac. Le chef de l'État n'est pas un inconnu non plus pour le jeune homme. Quelques mois plus tôt, après la mort de son père, François Mitterrand s'était rendu au domicile des Baroin et était resté une heure avec la femme de Michel Baroin. Le 10 mars 1988, il avait inauguré une avenue au nom de Michel Baroin, dans le berceau de la famille, à Ouroux, en Morvan. Un moment d'émotion en présence de la famille. De ces instants un peu suspendus dans le temps. Simples et solennels. Il neigeait. Les habitants du village et des personnalités politiques locales et nationales étaient venus, comme le raconte Alain Baroin, l'oncle de François, dans son livre. Le président de la République, qui avait été durant de longues années conseiller général de ce canton, avait prononcé des mots simples avant de dévoiler la plaque émaillée « avenue Michel Baroin 1930-1987 ». Et d'improviser un beau discours dans lequel il avait relaté son premier entretien avec Michel Baroin autour d'un Vittel-cassis chez l'Octave, salué « l'homme de foi, d'engagement », évoqué « la solide et amicale relation » nouée avec lui, à Paris et sur ses terres, mais aussi rendu hommage à « l'entrepreneur d'ailleurs très audacieux qui est resté dans le domaine mutualiste, social, coopératif, mais qui a affirmé des qualités individuelles, personnelles d'autorité, d'entregent, d'intelligence assez rare ».

Auparavant, deux mois après la mort de Michel Baroin, le chef de l'État avait également reçu François Baroin, dans son bureau à l'Élysée. Plutôt froidement. À la Mitterrand. Il était resté derrière son bureau, sans lever les yeux des parapheurs qu'il continuait à signer. « Alors, monsieur Baroin, comment ça va ? Qu'est-ce que vous faites ? Maintenant ce que vous aurez, c'est vous qui l'aurez gagné », lui avait-il lancé comme pour le mettre à l'épreuve. Du haut de ses vingt ans, le jeune impertinent avait rétorqué : « Il n'y a pas d'héritage dans la famille. Je ne suis pas un héritier. » Mitterrand avait levé le nez de ses parapheurs avant de fixer le jeune homme. De marquer un temps d'arrêt. Puis de faire parler l'étudiant de son projet de nouvelle Déclaration des droits de l'homme. Sous ses airs de ne pas y toucher, François Mitterrand, attentif – comme tous les politiques aguerris – à avoir d'autant plus de jeunes à sa botte que l'âge et les trahisons s'accumulent, avait demandé à Julien Dray de s'occuper de lui. Le député de l'Essonne qui, depuis, entretient de très bonnes relations avec lui (ils ont même écrit un livre d'entretiens ensemble *Chroniques d'une différence*[1]) avait fait le nécessaire. Mais pas assez pour que Baroin Junior prenne sa carte au PS. Selon Dray, il aurait suffi de peu. S'il était venu plus tôt, et non pas à la fin du premier septennat de François Mitterrand, en plein socialisme déclinant, il aurait pu faire partie des jeunes députés socialistes cuvée 1988, assure-t-il aujourd'hui, goguenard. « En tout cas, je ne serais certainement pas devenu trotskiste », affirme le principal intéressé. Qui – même si, durant sa traversée du désert, aurait envisagé un temps la possibilité de pouvoir devenir ministre d'ouverture en cas de victoire de la gauche en 2012 – se sent tout de même, et quelle que soit son histoire familiale, de droite. Un marqueur qui n'est cependant pas toujours allé de soi. Le jeune Baroin s'est en effet éveillé à la politique sur le tard. Et le moins que l'on puisse dire c'est que sa conscience politique fut plutôt lente à émerger. 1968 n'évoque rien pour lui : normal, il n'a que quatre ans. La mort de De Gaulle lui passe pardessus la tête. Il a d'autres préoccupations. De l'enfance et l'adolescence, François Baroin ne conserve guère de souvenirs politiques marquants. Juste quelques flashes. Le petit garçon qu'il est semble plus intéressé par les tacles de Platini que

1. François Baroin, Julien Dray, *Chroniques d'une différence*, Édition°1, 1998.

par « Giscard à la barre » ou « la force tranquille » de Mitterrand. Il a juste quelques souvenirs en tête. Comme ce jour où son père rentre à la maison et lance : « Le président est mort », pour annoncer la mort de Georges Pompidou, en avril 1974. Le 10 mai 1981, et l'arrivée de la gauche au pouvoir ne le marquent pas plus que ça. Le jeune Baroin a alors à peine seize ans. À cet âge-là, certains se passionnent pourtant déjà pour la chose publique, les débats de société. Mais pas lui. Il comprend tout de même que l'élection du premier président de gauche de la Ve République est un événement important, un instant d'histoire. Qui réjouit les uns, comme ses grands-parents paternels – et surtout son grand-père qui était un militant socialiste qui a collé et distribué des tracts pour François Mitterrand pour des élections locales – et attriste les autres. Souvenir de cette folle rumeur qui agite les tables bourgeoises : l'annonce de l'arrivée des chars russes, sur la place de la Concorde. Souvenirs mélangés de champagne et de tristes mines. Dans une famille qui n'est ni de droite ni de gauche. Un peu des deux. À l'image de Michel Baroin qui est certes un ami de Jacques Chirac mais qui est imprégné par les valeurs de l'économie sociale et aime bien Mitterrand, essentiellement parce qu'ils sont « pays ». La mère de François Baroin garde, elle, un souvenir plus tranché de ce 10 mai 1981. « On n'était pas très contents. On avait peur. Il y avait une atmosphère qui avait un parfum de révolution », se souvient-elle. Elle tient cependant à préciser que, lorsqu'il était venu lui rendre visite chez elle, le président socialiste lui avait dit qu'elle n'hésite pas si elle avait quelque chose à demander pour son fils François. « Il a été tout à fait bien », note-t-elle.

Droite ? Gauche ? Le père de François Baroin n'est pas homme à s'embarrasser d'œillères politiques. C'est un rad-soc dans la plus pure tradition. Dans le discours qu'il lit lorsqu'il inaugure une rue à son nom, François Mitterrand évoque d'ailleurs ses vertus « assez œcuméniques » et s'amuse : « Je suppose qu'il a dû se trouver quelquefois dans l'embarras. Il n'aimait pas les divisions arbitraires, il cherchait plutôt la synthèse entre les familles d'esprit. » Michel Baroin, sur le nom duquel Jacques Chirac et François Mitterrand étaient facilement tombés d'accord pour qu'il promeuve le Bicentenaire de la Révolution française, apprécie en effet certaines personnalités de gauche mais est également fasciné par le général de Gaulle. Quant à François Baroin, la question de son positionnement politique ne se pose en fait pour la première fois qu'en 1985 lorsqu'il crée, avec ses deux amis Jean-Michel Blanquer et Richard Senghor, une association apolitique pour le Bicentenaire de la Révolution française, AD 89. Leur idée : tout simplement et en toute modestie réécrire la Déclaration des droits de l'homme et du citoyen et l'adapter aux temps modernes, au troisième millénaire. Alors que Michel Baroin sera nommé deux ans plus tard, en pleine cohabitation, président de la Mission du bicentenaire par François Mitterrand et avec l'aval de Jacques Chirac, les trois jeunes gens rencontrent alors beaucoup de monde, essentiellement dans le milieu associatif, plutôt à gauche à l'époque. Ils croisent ainsi les gens de SOS Racisme, les représentants des associations Léo Lagrange. On ne peut pas dire que le courant passe vraiment. Le jeune Baroin est surtout impressionné par « le dogmatisme, le sectarisme » de ses interlocuteurs. Il est également frappé, « dégoûté » même par le décalage immense qu'il y a entre les discours de ces représentants associatifs et la « combinazione » politique qu'ils servent sans toujours s'en rendre compte. François Baroin, sans renier la sincérité de certains, ne se reconnaît pas chez ces gens « pétris de vérités, de leurs vérités » et déformés par leur « prêt-à-penser ». Lui à l'époque est sans *a priori*. Mais le cœur gonflé par ces grands mots, que l'on agite à cet âge, comme des étendards au vent : la liberté, la solidarité, l'espérance. Encore porté par ses idéaux de jeunesse, de générosité sans frontières partisanes. Un peu naïf, François Baroin souhaite donc avec ses deux compères faire une Déclaration sur les droits – et, nouveauté –, les devoirs des citoyens. Or, cette idée, le concept même de devoir fait bondir les bien-pensants de gauche. « Le devoir, c'est réactionnaire, vous êtes des salopards de droite, qu'est-ce que ça veut dire ? » s'énervent-ils. Les trois jeunes blancs-becs du haut de leurs vingt ans leur rétorquent que pour eux le devoir « c'est le respect, la responsabilité, une éthique de convictions ». Les débats durent des heures et des heures. François Baroin sent un fossé se creuser. Il n'a aucun point commun avec ces « gens-là ». Mais, ce qui fait basculer François Baroin à droite ce n'est pas tant une forte adhésion à un projet ou à l'inverse le rejet d'idées qu'il jugerait néfastes pour son pays, non, ce qui le fait basculer à droite, c'est la rencontre avec un homme, Jacques Chirac. Car, au fond, et cela il ne le renie pas, il a tout de même dans son héritage des gènes de gauche. « L'environnement culturel, la dominante sociale, la dominante humaniste, la laïcité qui sont, on peut dire des concepts de gauche, ou des acquis de la gauche au pouvoir ont tout de même fortement influencé ma construction personnelle individuelle », reconnaît-il. Mais ces valeurs se sont télescopées « avec la réalité et le cynisme des responsables associatifs ou politiques de l'époque ». « Si nos chemins se sont séparés, c'est moins sur le partage de valeurs provenant d'un héritage républicain puissant que sur des comportements que je trouvais excessifs, autoritaires, caricaturaux et pas acceptables, en tout cas pas compatibles avec ces valeurs. » À quoi cela tient… qui sait ? Si François Mitterrand avait déployé les mêmes charmes que Jacques Chirac, s'il avait eu une attitude plus chaleureuse, moins monarchique et si ses supporters avaient été moins sectaires, peut-être que François Baroin aurait siégé sur les rangs de la gauche à l'Assemblée nationale… Mais, non. Le destin en a décidé autrement. C'est donc Jacques Chirac avec qui François Baroin a, en 1985, sa première « vraie » conversation, qui emporte le morceau. Détermine le positionnement politique du jeune homme. Le maire de Paris reçoit le « fils de son copain » à l'Hôtel de Ville. Comme on rend un service à un ami. François Baroin lui explique son projet avec enthousiasme et le rendez-vous, qui devait durer dix minutes, dure une heure. Il faut dire qu'à l'époque le député de Corrèze traverse une passe un peu difficile. Il doit remonter la pente après la défaite de 1981. Se refaire une image. En tout cas, après cette entrevue François Baroin est comme touché par la grâce. Il sort du grand bureau de l'Hôtel de Ville, transporté. Sous le charme. Fasciné par l'intérêt et la connaissance de Jacques Chirac sur le sujet. « Émerveillé » surtout par « cette espèce de chaleur humaine, ce regard, cette gueule magnifique » d'un homme « chaleureux, sympathique, cultivé et disponible » qui n'a rien à voir avec son image publique. Une rencontre décisive en tout cas. « Je ne sais pas si je me serais engagé en politique sinon, s'il n'y avait pas eu Chirac, cette relation d'hommes, qui est d'abord une relation personnelle. Comme je ne pense pas que je me serais engagé en politique, j'aurais eu une autre trajectoire, mon histoire aurait été différente s'il n'y avait pas eu les événements personnels… »

Au regard de ces débuts, de cette première approche du monde de la politique et de ses racines familiales, on comprend mieux que François Baroin puisse bien s'entendre avec certains de ses pairs à gauche. Parmi ceux-ci il cite Pierre Moscovici, qui a toujours été, depuis 1995, un partenaire de débats, débats à la télévision ou dans des écoles de commerce, débats de seconds couteaux envoyés au front pour défendre leur champion, à l'époque Chirac et Jospin, aujourd'hui – la roue tourne – Sarkozy et Hollande… Le ministre des Finances a aussi été dans le passé, et à plusieurs reprises, un partenaire de débats du député socialiste de Corrèze, compatriote de Chirac. « Cela crée des liens, des affinités, voire des complicités surtout quand il s'agit de gens intelligents qui travaillent sur le fond et qui ont des convictions et des qualités. » Parmi les adversaires « aimables », Baroin cite aussi Valls, Montebourg (« il a du talent »), Jack Lang, « quelqu'un qui laissera une trace ». Ou encore Jérôme Cahuzac, le président de la commission des Finances qui juge que François Baroin « n'est ni sectaire, ni obtus. Il émet des jugements sans *a priori* et il est aussi convaincu sur le fond que mesuré dans l'expression ». Fraternité de parlementaires, complicité générationnelle, héritage familial... qu'importe. François Baroin qui, en 1995, œuvra, avec d'autres, si ce n'est au rapprochement en tout cas à la bienveillante neutralité de certains mitterrandistes en faveur de Jacques Chirac, sait très bien que ces contacts peuvent toujours servir un jour. En fonction des circonstances. Lors de la campagne présidentielle de 1995, il fut de ceux qui établirent des contacts avec Pierre Bergé et Anne Lauvergeon, la jeune secrétaire générale adjointe de l'Élysée. Et, lui qui avait connu Julien Dray quelques années auparavant représenta symboliquement Jacques Chirac – Claude Chirac était également là – au dîner anniversaire des dix ans de SOS Racisme, histoire de montrer l'air de rien que le candidat Chirac n'était peut-être pas celui que l'on croyait. Histoire surtout de faire oublier l'image de « facho Chirac », de celui qui évoqua un jour le bruit et les odeurs et était Premier ministre lors de la mort de Malik Oussekine. « Évidemment, analyse aujourd'hui François Baroin, l'idée n'était pas d'une alliance avec Mitterrand, non pas du tout. Mais plutôt, sans calcul particulier, d'éviter d'avoir des adversaires déterminés de tous les côtés. On avait déjà tout le gouvernement contre nous et l'essentiel du Parlement, il n'était pas nécessaire d'avoir un nouveau front venant de l'Élysée. »

En tout cas, SOS Racisme, qui avait appelé à voter en 1988 pour François Mitterrand, décida par la voix de son président de l'époque, Fodé Sylla, qu'aucune consigne de vote ne serait donnée par l'organisation antiraciste.

Si la première « vraie » discussion entre François Baroin et Jacques Chirac, en 1985, est déterminante pour le jeune Baroin, elle ne fait pourtant pas naître la vocation politique du jeune garçon. Même si une phrase prononcée par le maire de Paris lui reste en mémoire : « En politique, l'important c'est de donner, pas de recevoir. » Le genre de jolies phrases que l'on prononce plus pour se faire plaisir qu'autre chose mais qui trouve un écho chez le jeune homme. Comme celle qu'il a souvent entendue dans la bouche de son père : « Il n'y a rien de plus beau que de servir l'État ou une ville. » C'est en effet seulement des années plus tard, après un quasi-quinquennat en journalisme, que tout s'accélère. À l'été 1992, alors que depuis la mort de son père, en février 1987, François Baroin continue à voir Jacques Chirac tous les six mois, celui-ci lui propose de passer désormais aux choses sérieuses. « Je pense que tu dois faire de la politique », lui redit-il. Cela tombe bien. Cette fois Baroin est mûr. Il adore son métier de journaliste mais il a observé que de manière générale les journalistes vieillissent mal. « Si cela t'intéresse, je peux te trouver une circonscription pour les législatives », précise le président du RPR mais « il faut que tu aies trois chances sur quatre d'être élu ». François Baroin n'en a peut-être pas conscience mais c'est un joli paquet cadeau dont rêveraient beaucoup d'apprentis politiques. Certains naissent avec une cuiller d'argent dans la bouche, François Baroin, lui, se voit offrir une circonscription sur un plateau d'argent. Pas en argent massif car la circonscription qu'il choisit n'est pas la plus facile. Mais tout de même. De quoi faire grincer des dents la foule d'apprentis députés ne disposant pas de tels appuis et n'ayant pas eu la chance de bénéficier pour leur mettre le pied à l'étrier, leur faire la courte échelle dans l'ascension vers le pouvoir, de l'appui de parrains influents. En septembre 1992, Jacques Chirac sachant qu'il faut battre le fer tant qu'il est chaud présente donc François Baroin à Patrick Stefanini. « Stef » comme on le surnomme est un énarque pur jus qui connaît sur le bout des doigts la carte électorale. École Juppé. Sans fioritures. Il lui parle d'une circonscription électorale près de Bordeaux, « prenable ». C'est celle du fils Mitterrand, Gilbert Mitterrand élu et régulièrement réélu dans la dixième circonscription de Gironde depuis l'élection de son père en 1981. Chirac, directif, envoie le jeunot voir Chaban. La rencontre avec le grand duc d'Aquitaine est un passage obligé pour qui veut s'implanter dans la région. Il faut aller lui baiser la babouche. Baroin rencontre le grand homme qui lui donne sa bénédiction : « J'adorais votre père, quelle bonne idée ! » s'exclame-t-il. Baroin revoit Chirac. Il est un peu embarrassé. Sa femme, la journaliste Valérie Broquisse, est enceinte. Et puis, il ne veut pas trop s'éloigner de sa mère… et Bordeaux c'est loin. Il n'hésite pas à jouer les enfants gâtés : « Je suis très honoré mais c'est compliqué de me déraciner complètement. » Chirac a une autre idée. Verdun. La sixième circonscription de Seine-et-Marne plus proche de Paris est également évoquée. Seul hic : Jean-François Copé dont il fait alors la connaissance est sur le coup. Les deux futurs bébés Chirac se rencontrent à cette occasion et comme s'en souvient le secrétaire général de l'UMP, Baroin, très fair-play, ne fait aucune difficulté pour lui laisser la place. Appâté par la perspective de devenir député, Baroin mord à l'hameçon mais se tortille encore un peu sur son siège. Il suggère de se présenter où sont ses racines : « Je suis de l'Aube, cela a un sens que je m'y présente. On a une maison de famille à Nogent-sur-Seine. » Stefanini revient. Selon lui la troisième circonscription de l'Aube est prenable mais difficile (moins d'une chance sur deux) et la candidature de Baroin provoquerait une primaire avec l'UDF. Ce n'est pas grave. Baroin y croit. Il démissionne d'Europe 1, en décembre 1992. Quand il annonce sa décision à Jean-Pierre Elkabbach, celui-ci lui dit : « Tu vas faire quelque chose que beaucoup auraient aimé faire. »

La reconversion du jeune homme se fait en deux temps trois mouvements. Élu en 1989 conseiller général RPR de Nogent-sur-Seine – la ville dont son père fut le maire « sans étiquette » – François Baroin se jette cette fois vraiment dans le bain. Il est investi, dans la troisième circonscription de l'Aube, le 28 novembre 1992, jour de la naissance de sa fille Constance. Une permanence. Une équipe. Tout se met rapidement en place. Avec comme mandataire financier un vieux copain de son père. François Baroin enchaîne les rendez-vous individuels sur sa « circo ». Ratisse le territoire. Méthode Chirac. Il s'essaie à ses premiers discours. Se rode dans ses premiers meetings. Avec en guest-star, pour son premier discours devant des milliers de personnes, Jacques Chirac. Évidemment, ça aide. C'est à cette époque aussi que François Baroin rencontre pour la première fois Nicolas Sarkozy. Le maire de Neuilly lui apparaît « très chaleureux, sympa et connaissant visiblement bien les fédérations ». La campagne est assez violente. Baroin est attaqué sur son âge. On le dit immature, inconséquent. Ses vingt-sept ans et sa tête de petit chanteur à la croix de bois lui valent des critiques en cascade. On le traite de « jeune con ». Il s'en agace à l'époque comme tous les jeunes ambitieux : « Dire qu'on est idiot parce qu'on a moins de trente ans est vraiment d'une stupidité crasse. » Mais bon, il apprend à encaisser. Et au fond, comme il l'analyse des années après, il n'en a cure. Logique : il assure être « insusceptible ». « Cela glissait sur moi. J'ai connu des épreuves tellement plus violentes. À côté, tout cela m'apparaissait totalement dérisoire. À une condition : que cela n'ait pas de conséquences sur ceux que j'aime. J'ai toujours eu à cœur de protéger mes proches d'un choix de vie dont ils sont dépendants. Le reste n'a aucune importance. Donc toutes les attaques, les perfidies ne m'ont jamais rien fait. Elles ne me font rien, ne m'atteignent pas. » C'est peut-être l'un des principaux atouts de François Baroin. Il n'en a pas l'air mais il a déjà une peau de vieux crocodile qui résiste à tout sauf, comme c'est d'ailleurs le cas pour les grands fauves politiques comme Jacques Chirac ou François Mitterrand, lorsque l'on touche à sa famille.

En tout cas, après une campagne de terrain tous azimuts, Baroin se retrouve au premier tour avec dix points d'avance sur l'UDF Alain Coillot, dans cette circonscription socialiste depuis 1981. Le candidat PS sortant, Michel Cartelet, arrive en troisième position. Finalement le candidat UDF baissant les armes, Baroin se retrouve élu au premier tour, le 21 mars 1993. Il a vingt-sept ans. Et devient benjamin de l'Assemblée nationale, dans l'Assemblée « la plus à droite qu'ait connue la

France depuis plus d'un siècle », avec, comme le note René Rémond, « plus d'élus que la Chambre bleu horizon élue en 1919, après la guerre et même que l'Assemblée sortie des urnes en 1968 ». *France Soir* titre l'article consacré au jeune homme « François le benjamin, c'est Tintin député ». *Libération* note que, parrainé par Chirac, François Baroin en a profité pour, « dès le premier tour, coller dix points dans la vue à son challenger UDF qui était pourtant pressenti comme devant emporter cette primaire ». Impressionné par ses nouvelles fonctions le tout jeune député ? Pas vraiment. Un peu ému certes mais sans plus. Il faut dire que l'Assemblée est pour le jeune Baroin un lieu très familier. Enfant, il venait, après ses cours de judo, chercher son père à l'Hôtel de Lassay, du temps où celui-ci était chef de cabinet d'Achille Peretti puis d'Edgar Faure. Des années plus tard, comme journaliste politique, il fréquente beaucoup la fameuse salle des Quatre colonnes, où traînent tous les députés qui veulent se faire entendre. Le jour de la rentrée parlementaire, François Baroin a donc juste un petit pincement au cœur lorsqu'il découvre son nom inscrit dans les travées, comme il sera « un peu » ému quand il montera les quelques marches qui mènent à la tribune la première fois. Mais il n'est pas du genre à évoquer avec des trémolos dans la voix le poids de l'histoire qui pèse sur ses frêles et juvéniles épaules. Malgré ce détachement apparent, l'air de rien, le petit jeune « fait l'événement » le jour de son entrée en fonction. Une équipe de Canal Plus le suit pas à pas. Normal : un sujet sur le benjamin de l'Assemblée cela fait un peu partie des marronniers, comme on dit dans la profession. Entouré de micros et de caméras, Baroin, du haut de ses vingt-sept printemps, est comme un poisson dans l'eau. Il n'a pas l'air impressionné. Fait preuve d'un étonnant self-control. « L'enfance de l'art pour un homme qui semble né pour le contact humain », écrit, sous le charme, le journaliste de *France Soir* Christophe Driancourt. « Je suis le benjamin, dit tout sourires et avec une étonnante maturité Baroin face à la caméra, mais nous ne sommes pas aux jeux Olympiques, dans deux-trois jours, tout sera calmé. » Il n'a pas tort. Des benjamins, il y en aura d'autres après lui et il y en a eu bien d'autres avant lui. La plupart sont restés dans l'ombre. D'autres, comme François Fillon, élu benjamin de l'Assemblée nationale, en 1981 – à vingt-sept ans, lui aussi –, sont sortis du rang. Mais la précocité en politique n'est pas toujours la garantie de dispositions particulières pour percer. Cela peut être un signe. Ou pas.

Quelque temps après son élection, François Baroin retrouve Jacques Chirac à la buvette du Palais-Bourbon. « Je voudrais que tu viennes avec moi dans ma cellule présidentielle », lui dit le maire de Paris. Et hop, toujours prompt à saisir les opportunités qui se présentent à lui, le jeune homme qui ne semblait pas si pressé que ça quelques mois auparavant se retrouve dans le saint des saints, armé de son expertise, pourtant toute relative, du monde des médias. Dans ce Paris politique qui se retourne à la vitesse d'une feuille soulevée par le vent, le maire de Paris, candidat « naturel » du RPR pour la prochaine présidentielle en 1995, n'a pas vraiment le vent en poupe. Il n'intéresse plus les médias qui pensent avoir fait le tour du personnage et n'en ont plus que pour Édouard Balladur devenu Premier ministre de cohabitation de François Mitterrand, après la défaite de la gauche au législatives de mars 1993. « Édouard » est devenu la nouvelle coqueluche des journaux. Il intrigue. Intéresse. Suscite l'admiration. Les courtisans commencent à œuvrer avec d'autant plus d'ardeur que les sondages sont à la hausse. Certains murmurent que l'ancien ministre des Finances qui, déjà, dans ses précédentes fonctions, lors de la première cohabitation, laissait percer une pointe de mépris et d'agacement quand Jacques Chirac lui passait des coups de fil pour « placer encore un Corrézien de passage à Paris », serait un parfait candidat à la présidentielle pour le RPR. Mais dans le camp chiraquien, personne n'en parle. C'est un sujet tabou. Un non-dit. Certains comme Jean-Louis Debré commencent bien à tordre le nez. À trouver bizarre le comportement de cet ami de trente ans, mais les autres font comme si de rien n'était. C'est à cette époque, alors que les « Guignols de l'Info » présentent Chirac comme une espèce de *loser* un peu ringard qui enchaîne des déplacements étonnants – une usine d'andouilles à Vire, un parc animalier en Ardèche – tandis qu'Édouard Balladur peaufine son profil d'homme d'État, en répétant à l'envi « Putain deux ans ! », que François Baroin intègre la cellule présidentielle. Installée au 174 boulevard Saint-Germain dans le VIIe arrondissement de Paris, tout près des bureaux de Raymond Barre et de ceux que loue Édouard Balladur depuis 1988, elle a pour rôle de préparer la campagne et surtout de meubler ces fameux deux ans qui restent jusqu'à l'échéance, puisque le maire de Paris a décidé de laisser Édouard Balladur à Matignon. Le jeune Baroin assiste aux réunions du lundi matin avec Claude Chirac, Maurice Ulrich, le sénateur de Paris qui fait office de vieux sage, Christine Albanel, agrégée et plume de Chirac, Jean-Pierre Denis, l'énarque de service à la tête bien faite, mais aussi Patrick Stefanini et le publicitaire Jean-Michel Goudard. Le dimanche, il voit Chirac avec les autres. Chirac, au travail, ne craignant pas d'apparaître besogneux, pointilleux. Chirac qui fait mine de ne pas voir ce qui se passe. De ne pas entendre les commentaires inquiets de ses proches, qui, au fil des mois, et alors qu'il est de plus en plus difficile de faire venir des parlementaires aux groupes de travail constitués pour la présidentielle, Chirac qui feint d'y croire. Ne montre jamais un moment d'abattement. Même devant ses proches. François Baroin se souvient de ces longues réunions un peu lugubres, de ces périodes où le téléphone ne sonnait plus et où « plus personne n'y croyait, sauf Chirac ». Et, il se retrouve lui, le jeune farfadet sans expérience politique dans le premier cercle, éminent représentant de la garde rapprochée et dépecée des derniers fidèles de Jacques Chirac. Malgré ses protestations de forme, Jacques Chirac l'a nommé porte-parole de campagne. Un pari osé. Il a fait ce choix encouragé par Claude Chirac, dont le rôle auprès de son père ne va cesser de croître. Pour cette campagne, elle est allée plusieurs fois aux États-Unis, a observé la campagne de Clinton. Comme le rapporte *Le Point* elle y a « pioché son inspiration : le double prompteur qu'elle surveille personnellement ; puis le lutrin, qu'elle installe elle-même ; le porte-parole qui doit être jeune. Jusqu'aux plans du quartier général de la campagne qui seront recopiés ». Dans un premier temps, le jeune porte-parole de campagne cherche ses marques. Il peine à s'imposer face à des balladuriens qui le toisent et ironisent sur l'inexpérience ou la maladresse des recrues du camp d'en face. Même chez les rares députés chiraquiens restés fidèles certains s'inquiètent.

L'activisme et la créativité de Nicolas Sarkozy qui avait mis en place cette cellule présidentielle se font cruellement ressentir. Mais, nommé ministre du Budget et porte-parole du gouvernement, il s'est fait de plus en plus rare à la cellule du boulevard Saint-Germain, avant de choisir son camp. Celui d'Édouard Balladur : l'homme qui lui a donné sa chance en le nommant ministre. Avant qu'il ne change de champion, François Baroin a eu l'occasion de jauger le maire de Neuilly en action à une époque où il était encore à la manœuvre, « à fond chiraquien » et « très complice avec Claude ». Et il a été impressionné par « sa vista politique, son savoir-faire et surtout son audace, cette manière directe qu'il avait de parler à Jacques Chirac ». Ainsi, même après la trahison de « Sarko » qui laisse pantois les chiraquiens et les fait concentrer leur ressentiment contre le félon, Nicolas Sarkozy demeure un référent pour nombre de ses cadets. On le hait, on le moque, mais il laisse tout sauf indifférent. Il est le symbole le plus voyant de l'une des plus belles luttes fratricides que la droite ait jamais vécue et à laquelle le jeune Baroin assiste aux premières loges. « J'ai été absolument éberlué qu'en très peu de temps, il puisse y avoir un éloignement qui s'est mué en indifférence, en division, puis en guerre. Pour moi, Balladur c'était vraiment la créature de Chirac, qui était devenu ministre en 1986 grâce à Chirac puis Premier ministre parce que Jacques Chirac n'avait pas voulu retourner à Matignon. J'avais un raisonnement simple.

Édouard Balladur lui devait sa carrière, il se devait de l'aider pour qu'il devienne président de la République », se souvient-il. Plein d'idéaux, Baroin vit en tout cas, en quelques mois, une formation accélérée en politique. Il constate que « le pouvoir éloigne. Même les plus proches ». Voit le changement d'attitude des uns, les phrases moqueuses et méprisantes des anciens fidèles, qui, ressassant toutes leurs petites rancœurs refoulées, leurs petites aigreurs accumulées pensent enfin être reconnus à leur juste mérite par leur nouveau champion. Il ne peut que constater le désistement des députés et enregistrer les perfidies des balladuriens qui, rapidement, commencent à faire campagne pour que le président du RPR s'efface devant celui qui a le plus de chance de gagner, c'est-à-dire, évidemment, Édouard Balladur. « Jacques Chirac jusqu'alors se contentait de perdre lui-même mais aujourd'hui il peut faire perdre la majorité », lance ainsi Patrick Devedjian. Lors des rituels déplacements en province de deux jours de Jacques Chirac, les rédactions parisiennes envoient de plus en plus des petits jeunes tandis que les « plumes », les « signatures » préfèrent suivre Édouard Balladur dans les avions de la République, enivrés par ce parfum de victoire qu'ils croient humer et que les sondages annoncent jour après jour. Oui, une bonne école, ces quelques mois qui s'écoulent entre 1994 et mai 1995. Celle de l'humilité, de la ténacité.

Seules valeurs qui font tenir durant le désert de l'hiver 1994. Lors de ces réunions, le samedi ou le dimanche, avec le dernier quarteron de chiraquiens réduit à sa plus simple expression. « On était trois quatre, dans un héroïsme obscur, quasi anonymes » et en face, comme un bloc monolithique, Chirac « très méthodique, très méticuleux, toujours chaleureux, travaillant sur ses discours comme une brute, pendant des heures, avec son agrafe, son feutre rouge et sa paire de ciseaux » à portée de main. Chirac imperturbable qui ne craque pas, ne montre pas de fissures, n'évoque même pas l'hypothèse de la défaite. Sauf une fois, se souvient Baroin. C'était à la veille de Noël, en 1994, les sondages étaient au plus bas : Chirac était en dessous des 14 pour cent. Certains suggéraient de manière de plus en plus claire qu'il n'irait peut-être pas jusqu'au bout. « Jacques Chirac signait des parapheurs dans son bureau de l'Hôtel de Ville. On était tous les deux. Il m'a dit que si d'aventure ça ne marchait pas il était très fier d'être maire de Paris. » Rien de plus. Jeune porte-parole de campagne, François Baroin se souviendra à tout jamais de cette bataille. « Une véritable épopée, se rappelle-t-il, avant d'avouer avec son visage d'enfant de chœur : Je me suis régalé. Parce que lorsqu'on est porte-parole d'un candidat, on peut bouger des voix dans un sens ou dans un autre. Et parce que l'on a pu cogner Balladur », lâche-t-il avec un grand sourire. À la manœuvre durant cette campagne qui fera date, il se souvient des discours tonitruants de Philippe Séguin qui ose moquer le Premier ministre et porte les premiers coups de boutoir contre le balladurisme triomphant. Du « Munich social » à « circulez il n'y a rien à voir », « la France sous somnifère ». Il observe l'évolution du discours de son champion qui, contraint de se démarquer de son rival de droite, devient le candidat de la rupture, celui du changement contre celui du conservatisme et de l'immobilisme incarné par Édouard Balladur et réussit au fil des mois à réaliser une hasardeuse synthèse entre le discours du libéral Alain Madelin et du souverainiste Philippe Séguin. Droite ? Gauche ? On ne sait plus bien. Jacques Chirac avec sa campagne tonitruante contre les élites bien-pensantes et sa croisade contre la fracture sociale brouille les pistes. Avec comme arme de poing cet aveu qu'il fait un jour à ses proches : « Je vous étonnerai par ma démagogie. »

Quant à François Baroin, d'abord regardé de haut par les balladuriens qui, à l'image du gaulliste historique Jacques Baumel, ironisent sur ce « pinson » nommé porte-parole par Jacques Chirac, il apprend le métier. Conjugue une langue de bois universelle, alliée à la bonne vieille méthode Coué. Il insiste sur la détermination sans faille, la « sérénité » à toute épreuve de son candidat, serine sans relâche que les sondages ne doivent pas confisquer la démocratie. Apparaissant régulièrement dans les médias à une époque où les chiraquiens se comptent sur les doigts d'une main, le petit, la mine grave et ses lunettes rondes vissées sur le nez, fait ses classes. Assimile. Répercute les messages. Vante le nouveau positionnement de Chirac qui sillonne la France, va à la rencontre des Français. Ceux que l'on ne prend jamais le temps d'écouter. Les exclus. Les malades du sida. Les agriculteurs. Les chômeurs. Les Rmistes. Baroin s'adapte. Enfant comme Claude Chirac de la génération Canal Plus, il a vite compris que la marionnette de Chirac lui attire la sympathie de nouveaux publics. Et finalement, cette jeunesse et cette inexpérience qu'on lui reprochait à son arrivée deviennent un atout. Baroin sous ses airs proprets peut parler aux jeunes. Il participe à forger la nouvelle image de Jacques Chirac qui dans son premier livre *Une nouvelle France* veut justement s'adresser à ceux qui sont nés après 1968. Et travaille ses formules, comme cette phrase qu'il sortira, pour se moquer d'Édouard Balladur, monté sur une table et acclamé par des Martiniquaises l'appelant « Doudou », en fin de campagne : « Ce n'est pas en montant sur une table qu'on prend de la hauteur. » Une phrase qui note-t-il non sans fierté lui vaut de remporter le prix de l'Humour politique. Évidemment, cette période restera gravée à tout jamais dans sa mémoire. Il en garde un souvenir « assez ludique ». Ludique, son grand mot. Des souvenirs à la pelle. Avec des moments de profonde déprime où « tout le monde était au fond du trou ». Et des grands moments de joie. Quand, sur le terrain, les proches du « Grand » se rendent compte que quelque chose se passe, que l'image de Poulidor de Chirac et son nouveau discours social – faisant apparaître Balladur comme le héraut de la République bourgeoise – commencent à prendre. Quand, après des mois et des mois de doute, les courbes de sondages s'inversent enfin. Une bataille consacrée par un souvenir qui restera gravé à tout jamais dans la mémoire de François Baroin. Le jour du second tour de la présidentielle, le 7 mai 1995. « Je n'oublierai jamais, on était arrivés à 18 heures, à l'Hôtel de Ville. » « On » c'est le premier cercle qui s'était élargi au fur et à mesure de l'inversion des sondages : Madelin, Debré, Juppé, Millon... un moment immortalisé par Bettina Rheims dans *Paris Match*.

« C'était impressionnant. On est dans son bureau à l'Hôtel de Ville, je crois qu'il doit être 19 h 15-19 h 30. Patrick Stefanini, le directeur de campagne, appelle. Jacques Chirac prend la communication. L'écoute. Nous regarde sans rien dire. Puis il raccroche. Met ses pieds sur la table, les bras derrière la tête et nous dit avec un énorme sourire : "Je crois que c'est fait : je suis président." Et je dois dire que là, c'est quand même une émotion immense Chirac président de la République quoi ! » En évoquant cet instant, François Baroin en a presque encore des frissons. Seize ans après. C'est sa première grande émotion politique. De l'adrénaline à haute dose. En concentré.

« Probablement sur vingt années de politique, ce souvenir-là est plus fort que ma première nomination au gouvernement. Voilà, cette espèce de moment d'éternité qui dure une fraction de seconde, le temps de le dire, le temps d'un regard, le temps d'un sourire. Mais ça reste ancré. La présidentielle, c'est la mère des batailles. Voilà, le rêve d'une vie, une incarnation du pays, la conclusion d'un combat de plus de trente ans », s'exalte-t-il. Et puis, ajoute Baroin, la voix plus basse et l'air grave : « Il y avait aussi avec cette victoire une revanche, un petit côté la morale l'a emporté. Ce qu'avait fait Balladur, ce n'était pas bien. On peut toujours refaire l'histoire *a posteriori* mais voilà, c'était une trahison, et la trahison moralement ça heurtait Chirac. » Il dit ça, François Baroin et il a l'air d'y croire. Oubliant que son héros avait lui aussi trahi ses amis au cours de sa carrière politique.

11.

MA PETITE ENTREPRISE

Longtemps, François Baroin a été catalogué comme le petit jeune de service. L'éternel benjamin. L'héritier perpétuel. Fils de son père. Fils de Chirac. « Le fistonné » comme avait titré *Le Canard enchaîné.* Un fistonné qui a certes mené une carrière balisée par l'ancien chef de l'État mais qui a su, dans son fief, dans l'Aube, voler de ses propres ailes et faire ses preuves. L'air de rien, sous sa mine juvénile, Baroin a déjà coché pas mal de cases dans ce jeu de l'oie politique qui mène, ou pas, jusqu'aux plus hautes fonctions. Outre ses fonctions locales de maire de Troyes régulièrement réélu au premier tour depuis 1995, celui qui a été élu député en 1993, et est devenu vice-président de l'Assemblée nationale trois ans durant (de 2002 à 2005), bénéficie d'une parfaite connaissance des rouages parlementaires et n'a de cesse de bien traiter les parlementaires qui s'adressent à lui, tenant à leur répondre personnellement avec toujours une note manuscrite. Il a été porte-parole de campagne de Jacques Chirac, en 1995. Éphémère porte-parole du gouvernement Juppé, viré en même temps que les jupettes. Ministre de l'Outre-mer, où il a défendu, lui l'humaniste qui par certains côtés est bien plus à droite qu'on ne croit, la remise en cause du droit du sol à Mayotte, manière de restreindre l'accès à la nationalité française. Puis, enfin, ministre de l'Intérieur. Pas longtemps, la place Beauvau. Pendant deux mois, avant la campagne présidentielle de 2007. « Deux mois à l'Intérieur, cinq ans à l'extérieur », a ricané, une fois élu, Nicolas Sarkozy qui ne l'aimait guère à l'époque. Une sorte de CDD de luxe, de mission Manpower ministérielle qui symboliquement faisait sens, comme on dit. Car ce ministère, on l'a vu, François Baroin le voulait au nom de son père. Même si ça l'agace que l'on use et abuse de ce cliché du Petit Poucet qui suit les cailloux semés par son père, c'est pourtant ainsi. Pendant de longues années, François Baroin a toujours été, de près ou de loin, dans le sillage de Michel Baroin. Ou de Jacques Chirac. Le petit Baroin. Le gentil Baroin, si fidèle, si dévoué. Le chouchou. Le protégé. Dans le paysage mais pas franchement connu – dans les journaux d'ailleurs à ses débuts, son nom était régulièrement mal orthographié avec un « u » superflu (« Barouin » à la place de Baroin). Longtemps Baroin a eu l'image d'une sorte de boy-scout du chiraquisme, toujours prêt à monter au créneau pour défendre Jacques Chirac, son… son quoi d'ailleurs. Son mentor ? Son deuxième père. Son parrain. Son protecteur ? Un peu tout à la fois. Même si, parfois, Jacques Chirac n'a pas hésité à sacrifier le petit à ses intérêts politiques immédiats mais sans jamais le laisser tomber. Et puis, et puis… le maire de Troyes, le petit potentat local toujours réélu depuis 1995, le vrai professionnel de la politique à la gueule de petit chanteur à la croix de bois, celui qui a été baptisé par la presse Harry Potter jusqu'à l'indigestion, est passé d'un coup d'un seul des pages politiques à la rubrique people. Il est devenu le fiancé de Marie Drucker. Puis celui de Michèle Laroque. Un détail ? Pas tant que cela. Lui à propos de qui Claude Chirac demandait, il y a trois ans encore, quand on l'interrogeait sur l'avenir politique de François Baroin « mais qui connaît François Baroin ? », a depuis fait un bond en notoriété indiscutable. Même si François Baroin assure qu'il réprouve cet étalage de ce qui touche à sa vie privée – et il l'a prouvé en attaquant systématiquement les journaux ayant publié des photos de lui et ses compagnes –, il flatte aussi dans le même temps un besoin de reconnaissance finalement très banal et humain, et venu à point nommer contrebalancer une traversée du désert politique toute relative.

Appelé au gouvernement par Nicolas Sarkozy, après la défaite cuisante des élections régionales, en mars 2010, François Baroin vit depuis une renaissance. Et peut-être même une véritable naissance politique. Bien entendu, il le sait, il a été choisi parce que chiraquien. Pour rassembler la famille comme on dit en volapuk politique, en feignant de croire que l'on peut adapter les valeurs de la cellule familiale à la vie politique. Il a été choisi parce qu'ancien « rebelle » en culottes courtes. Parce qu'il a osé contredire le grand chef à plusieurs reprises, oppositions considérées comme autant de faits d'armes. Son parrain politique étant désormais hors compétition, pour la première fois François Baroin s'est senti totalement libre. Libre de parler en son nom propre. D'agir en son nom. « Sans l'ombre tutélaire de Jacques Chirac, je me suis construit tout seul », dit-il, avec une pointe de fierté. La « Baroin company » est vraiment née quand Jacques Chirac s'est retiré de la vie politique. Durant ces trois années où François Baroin est resté en dehors du gouvernement, il a savouré sa liberté toute neuve qui avait quelque chose d'enivrant. Il a pris ses aises. Dit ce qu'il pensait vraiment. Particulièrement choqué par la réforme de l'audiovisuel public décidée par Nicolas Sarkozy, il est ainsi l'un des seuls à prendre la parole, lors d'une réunion de parlementaires à l'Élysée, en décembre 2008, pour exprimer sa franche opposition à la nomination du P-DG de France Télévisions par le président de la République, avec un culot et un sang-froid qui en étonnera plus d'un. « Cette réforme te reviendra comme un boomerang, balance calmement Baroin au président de la République, tu n'en avais pas besoin. » « C'est un procès d'intention que tu me fais », lui répond le chef de l'État, étonné par l'audace du député de l'Aube qui estime quelques jours plus tard que la nomination du patron de France Télévisions par le président de la République « est une erreur politique » et « un recul de vingt-cinq ans » (interview au Talk Orange *Le Figaro* en novembre 2008). Le débat sur l'identité nationale ? « J'étais très tôt réservé pour ne pas dire hostile à un débat qui ne définit pas d'objectifs politiques clairs. On a ouvert la boîte de Pandore, l'ensemble des bas instincts s'est développé et a couru dans la société », dit-il dans une interview au *Monde* en redoutant que ce débat, organisé avant les élections régionales, ne fasse le lit du Front national. Au fil des mois, Baroin plante méthodiquement ses banderilles. Il n'hésite pas aussi à critiquer la réintégration de la France dans l'Otan ou le recours à des ministres d'ouverture. « L'ouverture ? Ça fait des grands courants d'air électoraux à droite. » François Baroin exprime sans mollir ses réserves sur le travail le dimanche ou la réforme des collectivités territoriales. Ses prises de position ne sont pas seulement l'expression d'une liberté nouvellement acquise. Elles lui permettent d'exister. Et surtout de préparer son retour dans le jeu car, l'air de rien, il commence à s'ennuyer. Aimerait « en être ».

Plus habile et stratège qu'on ne le croit, Baroin tape à l'extérieur pour revenir à l'intérieur. Au gouvernement. Et cela marche. Nicolas Sarkozy lui renvoie la balle. Il joue lui aussi. Lui fait miroiter une possible entrée au gouvernement qui arrivera le plus tard possible lorsque le chef de l'État estimera que les prises de distance répétées de cet éternel benjamin peuvent devenir gênantes. Un brin menaçantes. Ne risque-t-il pas ce Baroin avec sa fausse nonchalance, son apparent dilettantisme, ses déclarations faisant mouche, ces escarmouches calibrées pour être reprises en boucle sur les ondes, d'entrer en dissidence avec quelques compères ? Voire de songer à créer un groupe parlementaire ? Certes, avec ses airs de jeune homme de bonne famille et sa mèche bien coiffée, François Baroin ne franchit jamais la ligne jaune. Il n'affiche pas l'exubérante outrance et la violence de Villepin. Mais tout de même… ses poses de rebelle serein commencent à agacer. Ainsi, après ses dernières déclarations sur les plateaux télé, pour commenter la calamiteuse défaite de la droite aux élections régionales tout en ironisant sur les « éléments de langage » fournis par l'Élysée comme de malheureux cache-misère, Baroin abat un pion décisif dans sa partie d'échecs. Non seulement il réintègre le jeu mais en plus au poste stratégique de ministre du Budget. Cela s'est fait très rapidement. Et conformément à ce que lui avait promis Nicolas Sarkozy, lors d'un entretien qu'il avait eu avec lui, après son élection, en 2007. « Tu rentreras au gouvernement », lui avait assuré alors le chef de l'État. Une phrase qu'il a évidemment prononcée à beaucoup d'autres sans que cela soit toujours suivi d'effets. Mais cela fait partie de la règle du jeu. C'est ainsi au pouvoir, le chat s'amuse en jouant avec les petites souris qui gravitent autour. Il cajole, susurre des amabilités, flatte l'encolure, promet. Sachant, selon l'une de ses maximes favorites, que « plus c'est gros, plus ça passe ». Mais il peut donner aussi des coups de patte et des coups de griffe. Après cette première entrevue, Baroin avait vu une deuxième fois Sarkozy qui lui avait proposé – marque de sympathie envers l'ancien ministre des DOM-TOM qu'il est – de l'emmener dans son avion, pour assister en Martinique aux obsèques d'Aimé Césaire. Mais cette paix armée avait pris fin après les déclarations du député de l'Aube suite au discours du Latran prononcé par Nicolas Sarkozy, en décembre 2007. Un discours dans lequel le chef de l'État se prononçait notamment pour l'avènement d'une laïcité positive. Ce qui avait fait réagir Baroin, fervent défenseur d'une

République laïque, au quart de tour. Résultat : pendant deux ans, les ponts sont coupés avec Sarkozy. Baroin, toujours député-maire de Troyes, s'en accommode. Vit sa vie. Vit tout court. On le voit roucouler à Roland-Garros, éclatant de rire à côté de Michèle Laroque. Fidèle à la devise de son père « Trace ton sillon, garde ton grain pur et le blé viendra », il n'hésite pas à continuer à dire ce qu'il pense. Arrivent les élections régionales de mars 2010 : c'est une claque pour l'UMP et le pouvoir en place puisque la droite parlementaire réalise son plus mauvais score à de telles élections depuis le début de la Ve République. Baroin le dit sans prendre de gants lors d'une interview sur Europe 1, le matin. La réaction ne tarde pas à venir. Le député de l'Aube reçoit un coup de fil avant le Conseil des ministres. C'est Olivier Biancarelli, le conseiller parlementaire du président de la République qui lui donne rendez-vous avec Nicolas Sarkozy. Le jour même. À midi. Baroin est à Troyes. Il répond à Biancarelli qu'il viendra parce qu'il respecte l'institution mais pas pour se faire engueuler. « Je ne pense pas que ce soit le cas », lui rétorque le conseiller. Effectivement, Nicolas Sarkozy a pris la mesure de la défaite. Il a compris le message. Et dit en substance au chiraquien : « Il faut rassembler la famille », « Je préfère bosser avec des mecs que je connais et tu fais partie de mon paysage » et enfin « Je te ferai une proposition pour entrer au gouvernement mais je ne peux pas te dire où. Je te revois lundi à 9 h 30 ». Coup de fil dimanche à 17 heures. « Je vais te proposer le Budget. Il faut que je trouve 30 milliards d'euros. Allez. Je t'embrasse. À demain, François. »

Ce ministère du Budget Nicolas Sarkozy l'a lui-même occupé : Édouard Balladur l'y avait nommé en 1993. En même temps que le ministère de la Communication et, aussi, la fonction de porte-parole du gouvernement. C'était avant la présidentielle, aussi. Comme Baroin, qui, par la suite, deviendra également porte-parole du gouvernement puis reprendra les fonctions de Georges Tron contraint de quitter le gouvernement, Sarkozy, qui était à l'époque encore chiraquien, avait fait preuve d'un appétit débordant, d'une boulimie détonante. Comme Baroin, et ayant observé à la loupe les parcours de ceux qui étaient devenus présidents de la République, il savait que le Budget faisait partie des cases à cocher pour arriver au sommet. « Le pouvoir est au Budget », me dit d'ailleurs François Baroin quand je le rencontre peu de temps après sa nomination. Comme Baroin, mais à sa manière, plus percutante, Nicolas Sarkozy s'était démultiplié pour servir son nouveau maître. Pour celui qui avait enfin reconnu ses talents en le nommant à un poste à sa mesure. En lui faisant confiance. Et en lui permettant finalement de s'émanciper – ce que Jacques Chirac ne lui avait pas permis. Jusqu'à devenir le principal soutien de l'ancien ami de trente ans de Jacques Chirac dans la campagne présidentielle. Contre Jacques Chirac… C'était il y a un siècle une éternité. Le contexte n'est certes pas vraiment comparable. Chirac est hors jeu. C'est un président vieillissant, populaire, mais hors compétition. Mais bon, on peut voir des similitudes. Car, finalement, en le faisant venir au gouvernement, Sarkozy a placé le maire de Troyes dans une situation comparable à la sienne, en 1993 : celle d'être « jugé objectivement ». Celle aussi de trahir d'une certaine façon Jacques Chirac, en se mettant au service de celui qui l'avait trahi en son temps. En fait, cette nomination est la marque d'un vrai basculement dans la carrière de François Baroin. « C'est une décision d'ambition personnelle, Baroin refuse de demeurer le dernier des Mohicans chiraquiens. Il n'y a plus de filiation qui vaille », juge l'un de ses amis. Avant d'entrer au gouvernement, le maire de Troyes décide cependant d'en informer le vieux président. Pour solliciter sa bénédiction ? Pas vraiment. « Il a eu la gentillesse de venir me dire qu'on lui proposait d'entrer au gouvernement et qu'il comptait accepter cette proposition », précise le chef de l'État. Et lorsqu'on lui demande si son protégé aurait renoncé à entrer au gouvernement s'il avait émis une objection, Jacques Chirac botte en touche : « Jamais je ne pourrai émettre d'objections à quelqu'un qui veut servir son pays. » Et ajoute : « Ses motivations étaient les bonnes. » En tout cas, le politique « sarko-compatible » s'est mué en « sarko-fan ». Certes l'ancien maire de Neuilly a toujours été pour Baroin et ceux de sa génération si ce n'est un modèle, une référence. Un étalon de comparaison. Le jeune député a scruté la carrière de son aîné avec attention. Avant la rupture de la présidentielle de 1995, la guerre fratricide entre balladuriens et chiraquiens, ils ont partagé les mêmes combats. Participé aux mêmes grand-messes du RPR. Ils ont aussi en commun de se reconnaître comme des vrais politiques. Avec un logiciel particulier, des réflexes spécifiques. Lors de la campagne présidentielle de 1995, « Sarko » est à la fois un objet de fascination et de répulsion pour les jeunes pousses chiraquiennes. Les Copé, les Bédier, les Saint-Sernin et Baroin se construisent avec lui, puis contre lui. Ils l'accusent de trahison, réprouvent ses méthodes de voyou, ses menaces – il apostrophe ainsi le député-maire de Troyes « Baroin, la route est longue mais pour toi, elle peut s'arrêter maintenant » – mais reconnaissent tous son « talent fou », « talent politique et médiatique », son culot aussi. « Il nous impressionnait tous, Sarkozy, il faut dire les choses. C'était de très loin l'un des plus forts de sa génération », assure Baroin dans le documentaire de Patrick Rotman, *Les Fauves.* Ayant bien observé son modèle paradoxal, Baroin, au Budget, dix-sept ans après le maire de Neuilly s'efforce de mettre les bouchées doubles. Il se glisse dans les habits d'apôtre de la rigueur budgétaire. Fait tout pour faire mentir cette réputation de dilettante qui lui colle aux basques. Dès son arrivée, et cela plusieurs week-ends d'affilée, il convoque les directeurs d'administration, à une vingtaine de réunions d'immersion pour être briefé sur l'évolution des effectifs de fonctionnaires, les finances des collectivités locales ou l'aide au développement. En clair, une formation accélérée comme l'avait pratiquée Nicolas Sarkozy en 1993, lorsqu'il était arrivé au Budget, relève le magazine *Challenges*. Baroin n'habite pas au ministère mais se lève tous les matins à 6 h 30 et travaille tous les soirs après le dîner les dossiers d'actualité. Il enchaîne des journées de fou, notamment au moment du fameux marathon budgétaire. « J'ai passé plus de trois cents heures au banc de l'Assemblée, et ça quatre jours par semaine pendant deux mois et demi, de 9 heures du matin jusqu'à 1 heure, 2 heures, 3 heures du matin... puis quand je rentrais chez moi je devais bosser à nouveau sur les dossiers, les amendements, connaître les positions des uns et des autres, relever les arbitrages. Et tout ça sans voir le jour parce que ce que les gens ne savent pas, c'est que, dans l'hémicycle au Sénat ou à l'Assemblée, on travaille avec une lumière artificielle. On ne voit pas le jour se lever, on ne le voit pas se coucher. Et à un moment, on ne sait pas pourquoi, on sort, il est 2 heures du mat, et c'est curieux, on ne sait même pas ce qui s'est passé dans la journée. » Le ministre, des valises sous les yeux comme preuve de son calvaire, reconnaît cependant que, même si la charge est lourde d'autant qu'elle s'ajoute à celle de porte-parole qui implique que l'on soit au courant de tous les dossiers d'actualité, elle est exaltante. Comporte sa dose d'adrénaline. Et de sacrifice. « On sent les acariens, on risque une crise d'asthme, je dois me pencher sur des dossiers qui m'emmerdent, oui qui m'emmerdent parce qu'il faut avoir une idée, au moins une idée sur chaque sujet pour pouvoir répondre et ne pas dire de connerie. » « C'est épuisant », reconnaît Baroin. Sans compter les deux-trois présences radio ou télé par semaine qui, l'air de rien, pompent une énergie folle. C'est épuisant mais payant. Sarkozy apprécie en tout cas le travail de son ministre, dont la nomination au Budget avait été accueillie avec scepticisme. Alors qu'il est attendu au tournant, François Baroin parvient à convaincre le chef de l'État de renoncer à la suppression de l'ISF. « Fin de mandat ou pas, Nicolas Sarkozy était très déterminé. Il voulait cette réforme, il me disait, ce qui est important c'est de bouger le pays, d'en terminer avec les anomalies. Il faut secouer tout ça », raconte Baroin qui assure qu'il n'avait « pas d'état d'âme à porter la réforme de l'ISF » mais qu'il pensait que l'on manquait de temps et d'argent pour financer une telle réforme et, qu'en outre, on n'était pas sûr que le texte soit voté à l'Assemblée nationale. À la fin, après près d'un mois de travail avec des réunions toutes les semaines, et après avoir demandé à plusieurs reprises à François Baroin de revoir sa copie, Sarkozy a choisi les options que son ministre du Budget lui proposait. Il a bataillé ferme, pied à pied, mais s'est finalement laissé convaincre quitte à remettre en cause ce qu'il avait affirmé avec beaucoup de tempérament.

Conclusion : François Baroin, sans faire beaucoup de bruit ni de publicité, a fait ses preuves au Budget. Il a réussi à faire passer une réforme délicate qui a fait sortir 300 000 contribuables de l'ISF et supprimé le bouclier fiscal, sans provoquer de gros remous. Il a conquis ses galons auprès du président de la République. Mais aussi auprès des observateurs politiques. Comme le reconnaît le socialiste Jérôme Cahuzac, président de la commission des Finances de l'Assemblée nationale : « C'est Baroin qui respecte et connaît très bien le Parlement qui a trouvé la solution pour que la réforme fiscale aboutisse, en s'appuyant sur le groupe parlementaire. Mais cela a été dramatiquement sous-estimé. » Alain Minc, qui n'est pas toujours tendre, reconnaît lui aussi avoir été « impressionné par sa prestation parlementaire sur l'ISF, éblouissante. François Baroin est un type qui bosse, et qui a pris très vite la maîtrise des dossiers au Budget. J'ai été bluffé ». Quant à

Jean-Pierre Jouyet le président de l'Autorité des marchés financiers (AMF) et grand ami de François Hollande, il juge que François Baroin a eu « un très bon parcours de ministre du Budget » et qu'il « a rendu un fier service à Nicolas Sarkozy en réussissant à boucler l'affaire de l'ISF, tout en supprimant le bouclier fiscal ». Le président de la République qui, selon Baroin, « veut des mecs qui bossent, qui ont des convictions et qui ont les couilles de présenter leur affaire », a visiblement trouvé que le petit chiraquien, à propos duquel il estimait il n'y a pas si longtemps qu'il avait tout reçu en héritage, avait les qualités requises. À dire vrai, Nicolas Sarkozy savait depuis quelque temps déjà que Baroin, malgré son pedigree d'hyper-chiraquien, était « sarko-compatible ». Ce n'est pas un scoop. En public, en tout cas, le maire de Troyes n'a jamais attaqué frontalement, en deçà des limites du politiquement correct, l'ancien maire de Neuilly. Il a par exemple refusé de poser sa candidature à l'UMP contre lui comme le lui demandait Chirac. Il a également été de ceux qui, comme Alain Juppé, ont plaidé en 2005 auprès de Chirac pour la nomination de Nicolas Sarkozy à Matignon après l'échec du referendum européen. Non, la nouveauté, c'est que, depuis son entrée au gouvernement de François Fillon, François Baroin a été conquis par le président de la République, pourtant longtemps honni en chiraquie. Et comme c'est souvent le cas des derniers convertis, il en fait des tonnes. Ne tarit pas d'éloges sur le chef de l'État. Il assure, la main sur le cœur, qu'il adore travailler avec l'ancien ennemi juré de la chiraquie. « Il a quelque chose de particulier : il veut progresser, il veut savoir. En plus, ce qui est étonnant c'est qu'il est hyper-mnésique. Il se souvient de tout, avec une précision incroyable. Quand c'est arrivé, à quelle date, à quelle heure. » Emporté sur sa lancée, Baroin continue, assure que le chef de l'État est « un surdoué, que son disque dur est plus important que la moyenne et que si l'on est respectueux, on peut lui dire les choses ». Pas de doute, Baroin est envoûté. Fini le discours sur le bonheur d'être libre. Désormais, François Baroin apprécie « d'être vraiment au cœur du dispositif », et de pouvoir contribuer au rétablissement puis à la réélection de Nicolas Sarkozy. Les sondages plongent, les mauvaises nouvelles s'accumulent ? Voilà qui n'est pas pour décourager Baroin. Au contraire. « Intellectuellement et politiquement je trouve ça plus intéressant d'être là quand les temps sont durs. Cela ne m'a jamais intéressé de travailler dans des ambiances de foule euphorique, ce n'est pas un hasard si j'ai rejoint Chirac en 1993 et Sarkozy en 2010. » Outre le caractère héroïque d'un engagement à contretemps, François Baroin a probablement compris aussi que ce positionnement est le meilleur moyen de se distinguer. De sortir du lot lorsque tout le monde se planque. Il n'a pas tort.

Fin 2010, son nom court même pour remplacer François Fillon à Matignon. Nicolas Sarkozy ne lui promet rien. Lui dit juste, « déploie-toi ». Une formule sibylline qui ouvre tous les horizons. Laisse toutes les portes ouvertes. Finalement après une visite dans son fief de Troyes où il met en scène les deux prétendants à la succession de François Fillon – Borloo et Baroin – Nicolas Sarkozy décide de ne rien changer. Mais en juin, et alors que se profile un nouveau remaniement, François Baroin est parmi ceux que l'on cite pour remplacer Christine Lagarde au ministère de l'Économie et des Finances. De son côté, François Baroin se réjouit de travailler avec l'ennemi d'hier. « C'est très facile, très simple. Il est hyper compétent et exigeant. Il te rend meilleur dans le boulot. Si tu as envie, si tu as faim, envie de réussir, il n'y a pas mieux. » Et justement, François Baroin, sous ses airs de ne pas y toucher, sous son apparence lisse de « good guy », de mec réglo et « profondément collectif » selon Jean-François Copé, semble désormais avoir envie d'avoir envie. Et ne le cache pas.

12.

« TOUT PEUT ARRIVER »

Voilà, ça y est. On ne plaisante plus. François Baroin a eu ce qu'il voulait. Le ministère des Finances. Cette fois, il joue dans la cour des grands. Il en est. Vraiment. Il ne se pousse pas du col. N'en rajoute pas mais il a bien conscience qu'il a livré là sa première vraie bataille politique au plan national. Qu'il a conquis ses galons de général. Il s'agit maintenant de faire la guerre. De se montrer à la hauteur des défis gigantesques qui se présentent dans un contexte explosif, alors que selon les termes mêmes de Nicolas Sarkozy « un tsunami économique » menace la France. Pour l'instant, cela n'effraie pas le successeur de Christine Lagarde. Confortablement installé, ce 7 juillet 2011, dans un Falcon de la République qui le ramène de Berlin, où il a rencontré pour la première fois son homologue allemand Wolfgang Schaüble, il parle encore volontiers de cette bataille qu'il vient de livrer pour obtenir à l'arraché ce ministère tant convoité. Lors de son entretien avec le ministre allemand des Finances, il a été sujet de questions de la plus haute importance : la situation de la Grèce, la préparation du G20 de Cannes, la proposition française de travailler avec les banques privées pour renflouer la dette grecque. François Baroin semble tout à fait à l'aise. Pas du tout inquiet face à l'ampleur de la tâche qui l'attend. Feignant de ne pas entendre ces mauvaises langues qui murmurent déjà dans Paris qu'il n'a pas la carrure pour ce ministère, que son bagage est un peu léger. Après quinze mois passés au ministère du Budget, François Baroin, lui, ne doute pas. Il se sent suffisamment armé pour diriger ce ministère stratégique par ces temps de crise. Certains se gaussent ? Doutent des capacités techniques de Baroin à être l'homme de la situation, lui ne doute pas une seconde. En plein mois d'août, alors qu'il a été sommé d'écourter ses vacances dans la Creuse pour distribuer la bonne parole après le déclassement de la note des États-Unis, il semble piqué au vif quand on lui pose la question. Lui pas capable de faire face à ce que Jean-Claude Trichet, alors encore à la tête de la Banque centrale européenne (BCE), qualifie de « plus importante crise financière depuis la Seconde Guerre mondiale ? » Et pourquoi pas ? N'a-t-il pas une expérience de quinze mois au Budget ? N'a-t-il pas été journaliste économique à Europe 1 ? Et surtout ne travaille-t-il pas d'arrache-pied depuis qu'il est à Bercy, soucieux de caser enfin cette image de dilettante qui lui colle à la peau ? Non, le doute ne l'effleure pas une seconde. Même si la crise bat son plein. Même si, comme il le reconnaît lui-même, le contexte économique est des plus précaires. « Tout peut arriver, tout est possible », lâche-t-il sans émotion apparente. Tout ? La Grèce peut ne plus être en situation de rembourser sa dette ; les spéculateurs peuvent reprendre la main ; l'Irlande, le Portugal, l'Espagne, la Belgique peuvent plonger ; la zone euro peut s'effondrer. Brrr. De quoi avoir des frissons d'effroi. En tout cas, « la dette sera le thème majeur des mois à venir, assure-t-il, et à cet égard, le projet socialiste apparaît déjà inapplicable : il est impossible d'imaginer la création de 300 000 postes », analyse-t-il quelques mois avant que cela ne devienne le gimmick de l'UMP. Et de poursuivre en prédisant – et ce un mois avant que l'agence Standard and Poor's décote la note des États-Unis et trois mois avant que Moody's lance un avertissement à la France – que « les marchés vont s'inviter dans la campagne présidentielle ». Eh oui, même aux Finances, le politique est toujours là. En éveil. Tapi au fond de lui. Comme une seconde nature. Suspendu dans les airs, au-dessus du volcan en éruption d'une planète économique qui perd ses repères, François Baroin affiche le calme des vieilles troupes mais change de ton dès que l'on aborde son dernier fait d'armes politique : la prise de Bercy. Il le sait pour l'occasion le gentil Baroin, si bien élevé, si lisse en apparence, a montré un nouveau visage, dévoilant une ambition brute, à nu, que beaucoup n'avaient pas encore décelée. Pourtant, quinze jours après cet acte de bravoure politique, François Baroin veut replacer ce bras de fer qu'il a livré avec son collègue de gouvernement Bruno Le Maire, dans un cadre plus avantageux. Une bataille de chiffonniers ? L'exposition de rivalités de quadras ambitieux ? Que nenni. Faisant preuve d'une étonnante candeur, François Baroin l'assure : il s'agissait d'une question de principes, de respect de la parole donnée. Tagada, tagada, revoilà le preux chevalier qui semble avoir oublié ses années d'apprentissage auprès de Jacques Chirac. Comme s'il ne savait pas qu'en politique comme ailleurs une promesse n'engage que celui qui la croit. Comme s'il ne savait pas que lors de la préparation d'un remaniement gouvernemental tout peut changer, rien n'est acquis, jusqu'au dernier moment. Jusqu'à cet instant où le secrétaire général de l'Élysée lit la composition du gouvernement sur le perron de l'Élysée. Cela dit, c'est vrai, Nicolas Sarkozy lui a fait miroiter la succession de Christine Lagarde au ministère de l'Économie et des Finances. C'est vrai, aussi, le président de la République confiait, une quinzaine de jours avant le remaniement, qu'il entendait nommer François Baroin aux Finances car « il est intelligent, a du talent même s'il doit se déployer à l'international ». Et d'ajouter : « Je ne veux pas le gêner ou l'affaiblir politiquement. » Un joli compliment qui plus est à l'intention d'un chiraquien. Oui, mais voilà. Comme souvent en politique, d'autres facteurs sont entrés en ligne de compte. Et c'est Bruno Le Maire, ministre de l'Agriculture, énarque disposant d'un profil plus classique et rassurant, et de surcroît parlant couramment anglais et allemand, qui a ravi, dans la dernière ligne, la place de favori. S'entendant même dire par le chef de l'État qu'il allait devenir ministre de l'Économie et des Finances. François Baroin est alors saisi d'une rage froide. Il ne l'entend pas de cette oreille. S'estime trahi. Blousé. Et là, quelques jours après un dénouement heureux pour lui, il refait le film. Raconte ces négociations avec l'Élysée et Matignon qui ont duré jusqu'au dernier moment. Le jour de l'annonce de la candidature officielle de Christine Lagarde au FMI, François Baroin voit Nicolas Sarkozy et François Fillon afin d'arrêter les derniers arbitrages de la réforme fiscale. Le chef de l'État lui indique qu'il est content de lui au Budget et comme porte-parole. Il évoque la succession de Christine Lagarde en mentionnant qu'il y a le problème du G20 qui se profile mais clôt la conversation, rassurant : « Fais-moi confiance, je ne veux pas te gêner à Bercy. » François Fillon, lui, est plus encourageant : « Je crois qu'il faut que tu aies tout », dit-il au ministre du Budget : c'est-à-dire tout Bercy et le porte-parolat. Comme souvent, dans le même temps, les spéculations sur le prochain remaniement enflamment les rédactions et passionnent les journalistes politiques qui relaient avec gourmandise les derniers potins. Depuis quelques jours, la candidature de François Baroin est descendue en flammes. Il ne parle pas l'anglais, alors qu'il devra diriger les négociations du G20 – « Je ne savais pas que désormais il fallait être interprète pour être ministre des Finances », s'énerve-t-il –, il a peur en avion alors qu'il devra effectuer de nombreux voyages à l'étranger et il ferait jouer ses réseaux francs-maçons pour emporter la mise. Pour Baroin, c'est évident. Ces SCUD viennent de son principal concurrent Bruno Le Maire, cet ancien chiraquien rallié depuis peu au club des mousquetaires constitué par d'anciens bébés Chirac dont les ambitions ont grandi (Jean-François Copé, Valérie Pécresse, Christian Jacob et François Baroin). Le principal intéressé dément avoir utilisé l'argument des réseaux francs-mac mais reconnaît qu'il estime en effet trouver utile qu'un ministre de l'Économie et des Finances puisse s'exprimer en anglais et en allemand.

Le dernier week-end avant le remaniement, nouveau changement de cap. Fillon annonce à

Baroin un tout autre scénario. Il reste au Budget mais monte dans la hiérarchie protocolaire du gouvernement au rang qu'avait auparavant Christine Lagarde, Bruno Le Maire étant le négociateur pour la France du G20. François Baroin se cabre. Regarde le Premier ministre dans les yeux. « Cela ne correspond pas à ce que l'on avait dit. Je serai mécaniquement affaibli au Budget et politiquement aussi. Je ne suis pas ministre pour être ministre. Je suis venu il y a quinze mois pour rassembler la famille. » Fillon tente d'arrondir les angles. Dit comprendre, assure que ce n'est pas son idée. Baroin n'en a cure : « Je ne l'accepte pas. Le Maire a trois ans d'âge politique. Il n'est pas question qu'il succède à Lagarde et que moi je sois le soutier de service tandis que lui se charge de tout ce qui brille et pétille. » Après cet échange, Fillon rappelle Baroin. Et lui fait une autre proposition : qu'il aille finalement aux Finances tandis que Le Maire irait au Budget. Seul hic, Le Maire refuse. Le 30 juin, l'affaire se corse. Le Maire qui sent que le vent est en train de tourner tente de rallier à sa cause deux mousquetaires, Jean-François Copé et Christian Jacob proche du ministre du Budget. En vain. C'est la fin de la partie. Baroin a gagné par KO. Pourtant, le jour même et bien que vainqueur, il fulmine encore contre son collègue de gouvernement qui a mené pour le dézinguer « une campagne de fourbe sur l'anglais, l'avion, les réseaux francs-mac » de son père. « Ce n'est pas un mec bien ! » tonne-t-il avant d'ajouter « dans un groupe, on se soutient mutuellement ».

Une fois de plus Baroin le boy-scout est content que la morale l'ait emporté, en tout cas la sienne. Mais ce n'est pas l'essentiel, il le sait bien. L'essentiel, c'est que le maire de Troyes a changé de catégorie. Le poids léger est passé dans la catégorie poids moyen. Le grand public a découvert que le gentil Harry Potter n'était pas un eunuque. Il a remporté la bataille de Bercy et il n'en est pas peu fier. Il le sait bien, la politique a ses codes et pour être respecté, pour compter, il faut montrer que « l'on en a ». « Je n'ai pas bougé, je n'ai pas fait campagne », se vante-t-il *a posteriori.* « Aux échecs, on appelle ça un coup forcé. On a une position où on est bien et le coup d'après, on est en l'air. » Voilà, traduction : Lemaire est désormais « en l'air » et, selon Baroin, il ne l'a pas volé. Le ministre joueur d'échecs se remémore ainsi que six mois après l'élection de Nicolas Sarkozy, en 2007, celui qui fut le directeur de cabinet de Dominique de Villepin, à Matignon, avait écrit un livre[1] dans lequel « il balançait des secrets d'État ». « On l'avait eu en travers de la gorge », se souvient Baroin, décidément rancunier et qui relève qu'au cours du dîner de réconciliation qui les a réunis quelques jours après au

1. Bruno Le Maire, *Des hommes d'État*, Grasset, 2008.

ministère de l'Agriculture, Le Maire ne « s'est même pas excusé d'avoir voulu lui piquer sa place ». C'est plus fort que lui. Une semaine après sa nomination, le si calme Baroin est encore tout retourné. Il fulmine. Il n'en revient toujours pas des mauvaises manières de son collègue de gouvernement. Énumère les éléments à charge. On dirait un enfant de chœur qui découvre les dessous de la politique. « C'était une agression caractérisée. Si Juppé avait été nommé au FMI j'aurais compris : Le Maire était légitime pour lui succéder au Quai d'Orsay mais là cela n'avait rien à voir. » « En plus, note-t-il, Le Maire n'a pas compris qu'il y avait une histoire de vingt ans entre Copé, Jacob et moi. On a vingt ans de combat commun et une traversée du désert aussi », avance-t-il comme un vieux combattant. Comme si le péché de Le Maire était avant tout, selon Baroin, d'être un bleu en politique, un puceau à peine déniaisé qui veut brûler les étapes, faisant fi de cette espèce de code d'honneur qui à l'entendre unit ce quarteron de chiraquiens ambitieux. Dans la foulée, Baroin l'assure, la main sur le cœur, il n'a jamais brandi la menace de rejoindre Jean-Louis Borloo qui menaçait à l'époque de se présenter à la présidentielle. « Cela ne m'a jamais traversé l'esprit », se défend-il en envoyant au passage, manière de donner du poids à ses dénégations, quelques piques à l'adresse de « ce personnage qui a coûté très cher au pays avec ses mesures de cohésion sociale et d'aide à l'environnement ». Très investi dans son rôle de défenseur des finances publiques, il charge la barque : « Il a coûté de 15 à 18 milliards d'euros à l'État ! » Et conclut : « Dans un premier temps cela m'a fait marrer d'entendre certains dire que je menaçais de rejoindre Borloo, puis dans un second temps je l'ai vécu comme une insulte sur le fond et la forme. »

Le fait que Valérie Pécresse, également membre d'honneur du club des mousquetaires, ait été elle aussi en lice pour les Finances ne provoque pas chez lui la même indignation. « Elle est venue s'excuser et je lui ai dit que s'il y en avait un qui l'avait sortie de l'ombre c'est bien moi », lâche-t-il, un brin misogyne comme ses aînés.

Voilà. Baroin a donc gagné la partie, en tout cas la première manche, car il lui reste maintenant à faire ses preuves, mais il s'est aussi taillé au passage une réputation d'enfant gâté qui aurait piqué une crise de nerfs, tapé de ses petits poings rageurs, pour obtenir ce ministère tant convoité. Si Nicolas Sarkozy a ironisé devant des visiteurs sur « les grossesses nerveuses » de ses deux ministres et si Jean-François Copé a noté que le président de la République « a joyeusement manipulé ses deux ministres », dans la réalité, le maire de Troyes a obtenu ce qu'il voulait en faisant preuve d'un calme étonnant. Un proche conseiller de Nicolas Sarkozy reconnaît avoir été impressionné par son attitude. « Il a fait son chantage avec un sang-froid étonnant. Il est courageux. Il a des couilles. En fait, c'est un mafioso sicilien. C'était les Finances ou rien. S'il n'obtenait pas gain de cause, il retournait sur son Aventin. » Le socialiste Jérôme Cahuzac complète : « Il a compris que le pouvoir ne se reçoit pas mais se conquiert. » Voilà. François Baroin a réussi son coup. Il a fait un bond en notoriété dans l'opinion publique et il est désormais regardé différemment dans ce petit monde de la politique où il faut montrer que l'on « en a ». Que l'on en veut. Gentil, Baroin ? Pas tant que ça. « Je suis gentil avec les gentils mais je n'aime pas les coups tordus. » Ni les turbulences. On approche de Paris. Il y a quelques nuages dans le ciel et le petit avion bouge un peu. Tout à coup le lionceau perd de sa superbe. Devient livide. On dirait que le sang s'est retiré tout à coup de son visage. Le ministre s'inquiète des manœuvres d'approche du pilote. « Je n'aime pas cette manière de biais d'arriver sur Paris », dit-il, un peu tendu. Malgré tout, il s'efforce de donner le change. Et, une fois les turbulences passées, raconte en se marrant cette scène d'un film où Mister Bean est dans un avion à côté d'un enfant qui est malade comme un chien. Aux Finances, il le sait, François Baroin va devoir beaucoup voyager. Il n'a pas le choix, il le sait. Ce ministère des Finances, il l'a voulu. Pas question de se défiler. Mais tous ces voyages en perspective loin de la terre ferme ne l'enchantent guère. Il suffit de voir sa tête lorsque son directeur adjoint de cabinet annonce la liste des déplacements à venir en Côte-d'Ivoire, au Ghana, au Gabon, aux États-Unis… Il n'a pas le choix. C'est l'un des prix à payer. Maintenant qu'il est dans la place François Baroin doit assurer. Faire ses preuves. Mais, même si Nicolas Sarkozy confie à un visiteur à la veille du G20 que « Baroin se débrouille très bien », il peine à convaincre. Invité d'un dîner organisé par Marc Ladreit de Lacharrière en octobre 2011, il laisse sceptique certains convives. Un banquier lâche : « Il n'a pas le niveau. » Le directeur d'une grosse société de bourse nuance : « Je l'ai écouté attentivement. Il n'a dit aucune connerie, le seul problème c'est que l'ensemble est insipide, sans saveur. » C'est un peu le problème de François Baroin, homme politique contemporain, reflet d'une époque peu épique. Il a les capacités, il travaille, il attrape bien la lumière. Mais moins le son. Son discours est trop uniforme. Son ton trop monocorde. On en viendrait presque à vouloir entendre parfois quelques notes discordantes. Quelques faux accords.

Conclusion

Novembre 2011. Le G20 de Cannes vient de s'achever sur fond de crise européenne aiguë. Nicolas Sarkozy, Angela Merkel et Barak Obama y ont tenu la vedette. Et François Baroin ? Le ministre de l'Économie et des Finances, à propos duquel Nicolas Sarkozy a glissé, cruel, qu'il ne serait de toute façon « que le porte-parole du secrétaire général de l'Élysée », Xavier Musca, a pratiquement disparu des écrans radar. Obligé de s'effacer pour laisser les grands de ce monde s'occuper de sauver l'euro. On l'a aperçu sur les images. En ombre chinoise. Toujours à quelques mètres du chef de l'État mais on ne l'a entendu qu'après. Pour le service après-vente.

Tout ça pour ça ? Pour ravir ce ministère de l'Économie et des Finances tant convoité, le maire de Troyes a en effet bataillé dur. Et a surtout montré qu'il avait de l'ambition à revendre. Bambi s'est transformé en Roi Lion. Pour la première fois, il a osé vraiment le « je », la première personne du singulier sans l'accorder à Jacques Chirac. Ou au souvenir de son père. Reste maintenant à prouver qu'il a la carrure de l'emploi. C'est la condition pour éventuellement passer par la case Matignon et s'autoriser à penser à la présidentielle, la mère des batailles en politique.

Jusqu'à maintenant, François Baroin a su saisir les opportunités. Il a plus travaillé qu'on ne le pense. Avec une opiniâtreté que beaucoup ont longtemps sous-estimée, trompés par son apparence nonchalante et décontractée et par l'extrême prudence de son verbe. « Les gens ont pris son élégance pour du dilettantisme mais, met en garde le socialiste Jérôme Cahuzac, cela n'a rien à voir. En fait François Baroin déploie une certaine esthétique dans la vie politique assez rare pour la reconnaître à sa juste valeur. » Sans ciller, et sans affect apparent, le maire de Troyes pense comme la plupart des hommes politiques qu'il est en mesure, un jour, si les circonstances s'y prêtent, de se présenter à l'élection présidentielle. Il assure tranquillement avoir « l'état civil pour lui ». « Il faut trente ans pour faire un politique de dimension nationale, j'en suis à vingt ans. Il me reste donc une dizaine d'années pour transformer l'essai », dit-il. Ambitieux raisonné ou raisonnable, Baroin le reconnaît sans ambages : il ne fait pas tout cela « pour voir le développement des lapins de Garenne dans la propriété de sa mère ». Mais il est convaincu que l'arme numéro un c'est le temps. « Une fois que l'on est bien clair sur le calendrier, on peut définir après une méthode, des objectifs, des étapes intermédiaires. » « La priorité c'est de travailler, d'être visible, de gagner en notoriété et d'être crédible. Localement, je crois que c'est fait depuis un bon moment. Nationalement, cela se construit. Il ne faut pas faire de fautes. » Avant l'été, Jacques Chirac nous assurait que François Baroin dispose « de toutes les qualités requises pour assumer les plus hautes fonctions. S'il reste lui-même, s'il reste fidèle à son caractère, rien ne lui sera interdit ». Et l'ancien chef de l'État d'ajouter « à l'évidence il est l'un des rares à avoir une vision de la France et de la République ». Compliment joliment troussé. Mais en réalité, le problème de François Baroin c'est que l'on ne sait pas aujourd'hui quelles sont ses idées, ni même s'il en a. On ne sait pas quelle est sa vision de la France et de la République. Le maire de Troyes colle parfaitement à l'époque. Belle image et joli emballage. Il s'exprime bien. Ne se pousse pas trop du col. Du fait d'une pudeur naturelle et, peut-être aussi, parce qu'il a compris qu'après les excès du sarkozysme des débuts, l'heure est à l'humilité et à la sobriété. Selon le vent, selon ses capacités à sortir de lui, la pièce tombera d'un côté de l'autre. Il sera un nouveau Michel Barnier. Aura une jolie carrière. Sans vagues. Ou continuera son ascension tranquille. Avec l'objectif de prendre le pouvoir « par effraction ». En a-t-il vraiment envie ?

TABLE

Pour l'éditeur, le principe est d'utiliser des papiers composés de fibres naturelles, renouvelables, recyclables et fabriquées à partir de bois issus de forêts qui adoptent un système d'aménagement durable.

En outre, l'éditeur attend de ses fournisseurs de papier qu'ils s'inscrivent dans une démarche de certification environnementale reconnue.

COMPOSITION FACOMPO À LISIEUX

CET OUVRAGE A ÉTÉ IMPRIMÉ EN FRANCE
PAR CPI FIRMIN-DIDOT
À MESNIL-SUR-L'ESTRÉE
EN DÉCEMBRE 2011

N° d'édition : 01 – N° d'impression : 108372
Dépôt légal : janvier 2012